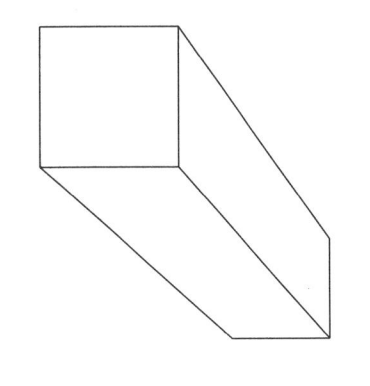

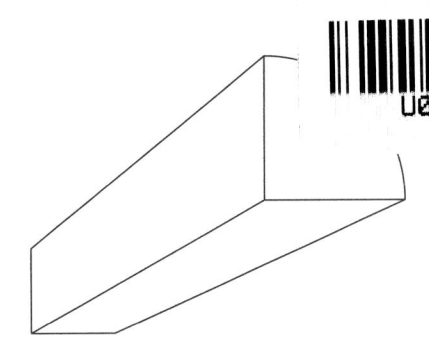

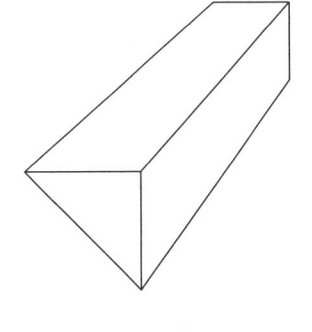

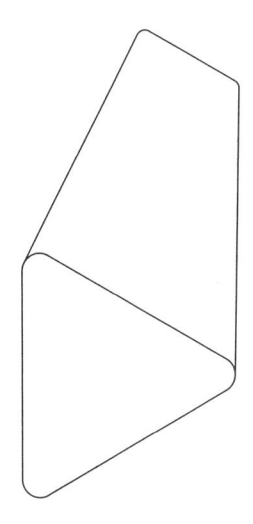

数字媒体：
在新闻传播中的应用

张馨月　唐时顺 / 著

云南美术出版社

图书在版编目（CIP）数据

数字媒体在新闻传播中的应用 / 张馨月，唐时顺著.
昆明：云南美术出版社，2024. 7. -- ISBN 978-7-5489-5768-3

Ⅰ. G210-39

中国国家版本馆 CIP 数据核字第 2024VT5419 号

责任编辑：陈铭阳
装帧设计：墨创文化
责任校对：李林　张京宁

数字媒体在新闻传播中的应用

张馨月　唐时顺　著

出版发行	云南美术出版社
社　　址	昆明市环城西路 609 号
印　　刷	武汉鑫金星印务股份有限公司
开　　本	787mm×1092mm　　1/16
印　　张	10.5
字　　数	230 千字
版　　次	2024 年 7 月第 1 版
印　　次	2024 年 7 月第 1 次印刷
书　　号	ISBN978-7-5489-5768-3
定　　价	78.00 元

前言

在社会经济、科学技术飞速发展的背景下，新闻传播也发生了技术性的变革。近年来，随着数字媒体技术的广泛推广，新闻传播已迈进全新数字信息化时代。其中，极具代表性的如微信、微博、移动客户端等，形成了信息传播的普遍性、广泛性、快速性等信息化发展特征，很大程度推进了当代新闻传播的变革与发展。

与传统的纸质媒体和广播、电视相比，数字媒体具有实时性、互动性、个性化和多媒体性等特点，为新闻传播带来了前所未有的机遇。首先，数字媒体的实时性使新闻能够以最快的速度传播到受众手中，满足了人们对即时信息的需求。其次，数字媒体的互动性让受众不再是被动的信息接收者，而是可以参与到新闻的讨论和传播中来，提高了受众的参与感和满足感。再次，数字媒体的个性化特点使新闻机构可以根据受众的兴趣和偏好，提供定制化的新闻内容，提高了新闻的吸引力和针对性。最后，数字媒体的多媒体性使新闻可以以文字、图片、视频等多种形式呈现，提高了新闻的表现力和感染力。然而，数字媒体在给新闻传播带来机遇的同时，也带来了一系列挑战。信息的海量和碎片化使受众在面对海量信息时感到无所适从，难以辨别信息的真伪和价值。此外，虚假新闻和有害信息的泛滥也给新闻传播带来了负面影响。为了应对这些挑战，新闻机构需要积极拥抱数字化转型，充分利用数字媒体的优势，提高新闻传播的效率和质量。一方面，新闻机构需要加强对内容的审核和把关，确保传播的信息真实、准确、全面。另一方面，新闻机构需要加强与受众的互动和沟通，了解受众的需求和偏好，提供更加优质的新闻内容。

本书深入剖析了数字媒体技术如何深刻地影响并重塑新闻传播的各个环节。开篇即对新闻的数字化传播技术进行了细致的探讨，紧接着分析了这些技术变革给新闻行业带来的广泛影响，涵盖了新闻采集、编辑和分发等关键流程的创新模式。继而，书中没有止步于技术层面的讨论，而是进一步延伸至数字媒体环境下新闻传播所面临的挑战,包括确保信息的准确性、应对假新闻的泛滥以及版权保护等内容。此外,本书还着重探讨了数字媒体如何促进公众更广泛地参与到新闻的制作和讨论之中,以及新闻行业的从业者应如何制订策略以适应数字化转型的趋势。本书不仅为新闻从业者、媒体学者和学生提供了全面的理论框架和实际操作指南,更为他们在快速演变的媒体环境中有效利用数字技术进行新闻传播提供了宝贵的指导和参考。

本书由广西职业技术学院张馨月、重庆外语外事学院唐时顺任作者,具体编写分工如下:第四章至第七章由张馨月编写(共计14万字),第一章至第三章由唐时顺编写(共计9万字)。张馨月对全书进行了统稿、审定。

目录

第一章 新闻的数字传播技术 1
 第一节 数字媒体技术概述 1
 第二节 媒体新闻传播技术的构成 6
 第三节 媒体新闻传播的数字技术 11

第二章 数字时代的新闻机构 18
 第一节 技术变迁对报纸新闻专业文化的重塑 18
 第二节 数字时代的电视新闻生态转型 26
 第三节 媒介融合与广播新闻理念革新 32
 第四节 门户网站在人工智能时代的生产理念转型 39

第三章 媒体技术转变对新闻行业的影响 42
 第一节 数媒传播环境下的新闻生产 42
 第二节 数媒传播环境下的新闻编辑 51
 第三节 数媒传播环境下的新闻分发 55

第四章 数字媒体环境下新闻传播的乱象治理 60
 第一节 假新闻乱象与治理 60
 第二节 后真相与"反转新闻"避防 67

第三节　自媒体营销放大舆情风险防范与治理 75
　　第四节　新闻传播与版权维护 79

第五章　数字媒体对公众参与新闻的影响 84
　　第一节　媒体传播与公众文化心理 84
　　第二节　媒体新闻公众自传播 88
　　第三节　公众新闻的情绪化转向 92
　　第四节　公众网络素养的培育 98

第六章　新闻行业人才适应数字化转型的策略分析 107
　　第一节　新闻主播在数字媒体中的能力拓展 107
　　第二节　数字媒体新闻主播的转型策略 113
　　第三节　数字媒体新闻从业者的突破与超越 118
　　第四节　数字媒体新闻从业者的德性培育 124

第七章　数字媒体背景下新闻传播的国际发展与新技术应用 133
　　第一节　数字媒体新闻国际传播的未来趋势 133
　　第二节　AI 技术在新闻传播中的应用 142
　　第三节　区块链技术在新闻传播中的应用 151

参考文献 159

第一章　新闻的数字传播技术

第一节　数字媒体技术概述

一、数字媒体及其特性

（一）数字媒体的概念

在人类社会中，信息的表现形式是多种多样的，这些表现形式称为媒体。数字媒体就是以数字化形式存储、处理和传播信息的媒体。

过去我们熟悉的媒体几乎都是以模拟的方式进行存储和传播的，而数字媒体却是以比特的形式进行存储、处理和传播。数字媒体中信息的最小单元是比特，任何信息在数字媒体中都可分解为一系列"0"或"1"的排列组合，以二进制数的形式存在。

数字媒体包括两个方面：一是信息，即采用二进制形式表现的内容；二是媒介，即能存储、传播信息的载体。从这层意义上说，数字媒体就是指以二进制数的形式记录、处理、传播、获取的信息媒体，这些媒体包括数字化的文字、图形、图像、声音、视频影像、动画及其编码和存储、传输、显示的物理媒体。

从学科的角度来看，数字媒体是以信息科学和数字技术为主导，以大众传播理论为依据，以现代艺术为指导，将信息传播技术应用到文化、艺术、商业、教育和管理领域的科学与艺术高度融合的综合交叉学科。数字媒体包括图像、文字、音频、视频等各种形式，以及传播形式和传播内容中采用的数字化，即信息的采集、存取、加工和分发的数字化过程。数字媒体已经成为继语言、文字和电子技术之后的最新的信息载体。

（二）数字媒体的特性

数字媒体具备数字化、网络化、虚拟化和多媒体化等显著特征，是集公共传播、信息、服务、文化娱乐、交流互动于一体的信息载体。其主要特点包括以下几项。

1. 数字化

数字媒体存储、处理、传输的信息都是以二进制形式表示的，即以数字化的形式存在。这种方式使信息易于复制，可以被快速传播和重复使用，使不同媒体之间的信息可以相互混合。

2. 互动性

数字媒体的互动性赋予了受众与内容生产者之间更直接、更丰富的互动方式。通过评论、点赞、分享和弹幕等功能，受众可以实时对新闻内容表达意见或情感反应。例如，主播在直播节目中可以通过弹幕与观众互动，回答观众提问，迅速收集他们的反馈信息。此外，社交媒体的兴起使受众能够直接与新闻机构、记者和意见领袖进行互动交流，打破了传统媒体只能单向传播的局限。互动性的特性还让新闻机构能够更好地了解受众的偏好和需求，从而调整内容策略，实现更精准的内容推荐与传播。互动性不仅丰富了新闻传播的形式与体验，还促使受众从被动的新闻接收者转变为积极的内容参与者和传播者。

3. 集成性

数字媒体的集成性体现在它能够将文字、图片、音频、视频和数据可视化等多种媒介形式集成到同一平台或内容中，使新闻报道更具表现力和信息密度。例如，在一篇关于社会事件的报道中，记者可以通过图文并茂的方式呈现事件的背景和经过，并嵌入相关的视频片段、音频采访和数据图表，让受众从多角度获取信息。集成性还使数字媒体能够打破单一媒介的限制，将新闻报道与娱乐、知识、社交等功能融合在一起。例如，"新闻"App 不仅提供即时新闻，还能集成直播节目、短视频解说、互动问答和社交分享等多样化的功能，为受众带来全方位的信息服务。集成性不仅提升了新闻报道的内容质量，还满足了受众多样化的需求。

4. 多样性

由于数字媒体传播门槛的降低，独立记者、自媒体达人、网络红人和普通用户都可以成为内容生产者，为新闻生态注入了更多元的视角与声音。与此同时，新闻传播的渠道与形式也变得多样化，传统媒体的新闻网站、社交媒体的短视频、即时通信工具中的消息推送、智能音箱上的播客节目等，都为受众提供了多样化的获取信息的途径。此外，数字媒体还借助算法推荐、个性化订阅和互动问答等功能，为受众打造个性化的信息流，使其能够获得最符合自身兴趣和需求的新闻内容。这种多样性不仅拓展了新闻传播的边界，还使受众享受到更丰富与多元的新闻体验。

（三）数字媒体的分类

与媒体的分类相似，数字媒体按照其不同功能，也具有不同的类型。

1. 存储媒体

随着大数据时代的到来，存储媒体的容量和速度成为了衡量其性能的重要指标。固态硬盘和云存储服务的兴起，不仅极大提高了数据存取的效率，也使数据共享和远程访问变得更加便捷。此外，存储加密技术的发展，确保了数据的安全性，为个人隐私和企业机密提供了强有力的保护。

2. 传输媒体

光纤通信技术的发展，使长距离、大容量的数据传输成为可能，而 5G 技术的商用化，则进一步提升了无线数据传输的速度。在传输媒体的创新上，除了速度的提升，还包括对信号稳定性和抗干扰能力的增强。例如，通过使用多路径传输和信号纠错编码，可以显著提高数据传输的可靠性。随着 6G 等更先进通信技术的研究，未来，传输媒体将更加智能化和个性化，满足多样化的通信需求。

3. 感觉媒体

虚拟现实和增强现实技术的发展，正在将传统的视听体验扩展到触觉、嗅觉等更多感官领域。这些技术在医疗、教育、娱乐等多个行业的应用，正逐渐展现出其创新性和实用性。

4. 显示媒体

从早期的阴极射线管显示器到现代的液晶显示器和有机发光二极管屏幕，显示技术的进步极大地提升了图像的清晰度和色彩的丰富度。随着柔性显示技术的发展，显示媒体的应用场景得到了极大的拓展，从可穿戴设备到可弯曲的显示屏，显示媒体的形态变得更加多样化。

5. 表示媒体

表示媒体是指将信息以某种形式表达出来的媒介，它涉及信息的编码、格式和结构。随着数字化进程的加快，表示媒体的标准化和规范化变得尤为重要。例如，"XML"和"JSON"等数据格式的出现，为数据的交换和处理提供了便利。在表示媒体的创新上，语义网和本体论的发展，使信息的表达更加智能化和语义化。

二、数字媒体技术的研究领域

（一）数字媒体技术的研究内容

1. 高清晰度视频编码技术

在数字媒体技术的研究领域，高清晰度视频编码技术占据了重要地位。随着 4K、8K 分辨率的普及，如何在保证图像质量的同时压缩数据量，成为了研究者们的焦点。当前，高效视频编码标准已经能够支持到 8K 分辨率的视频流，然而随着虚拟现实技术的兴起，更高效的编码技术仍在探索中。例如，通过深度学习算法优化编码过程，可以在不降低视频质量的前提下，进一步减少数据的冗余。

2. 多媒体数据压缩与传输

多媒体数据的压缩与传输是数字媒体技术研究的另一个关键方向。在互联网带宽日益增长的今天，如何有效地传输大量的多媒体内容，尤其是实时传输，是技术发展的重要驱动力。研究者们正在尝试结合新兴的网络协议，比如快速UDP互联网连接，来减少延迟，提高数据传输的稳定性和安全性。此外，针对特定应用场景的数据压缩算法也在不断优化，以适应不同的网络环境和用户需求。

3. AI技术在数字媒体中的应用

AI技术不仅能够在内容创作中发挥作用，比如通过算法生成音乐、文本和图像，还能在内容分发和推荐系统中起到关键作用。例如，利用机器学习算法分析用户行为数据，可以更精准地推送个性化的内容。同时，AI技术也在帮助提高数字媒体的可访问性，如自动生成字幕和语音识别，使内容更易于被持不同语言和能力水平的用户所接触和理解。

（二）数字媒体技术的发展趋势

进入21世纪，以数字媒体内容生成技术、网络服务技术与文化内容相融合而产生的数字媒体产业在世界各地高速成长，在全球范围内已经得到了国家、地方政府和企业的高度重视和重点投入，成为经济发展的有力增长点和社会发展的重要推动力量。在我国，数字媒体产业正在成为市场投资和开发的热点方向。

1. 数字媒体内容处理技术

数字媒体内容处理技术的发展，正聚焦于提升音频和图像信息的数字化处理能力。音频处理技术通过取样、量化和编码，将模拟声音信号转换为数字音频信号，并采用基于音频数据统计特性、声学参数以及人耳听觉特性的压缩编码技术，以优化数据量和传输效率。图像处理技术则侧重于通过取样、量化和编码转换自然视觉信息，并利用空间冗余、时间冗余等压缩方法，实现高效编码。当前，图像压缩编码方法涵盖了统计编码、预测编码、变换编码等多种技术，以及基于图像内容特征的分形编码和模型编码。对这些技术的深入研发，预示着数字媒体内容处理将实现更高级的自动化和智能化，从而极大地丰富用户的互动体验和内容创作的灵活性。

2. 数字媒体检索技术

这种技术通过分析图像、视频、音频内容，抽取特征和语义，建立索引并进行检索，突破了传统媒体基于文本的检索局限。图像检索研究集中在底层可视内容特征的索引建立，如颜色、纹理、形状等，而视频检索技术则从底层图像特征转向关注视频单元的高层语义特征。基于内容的检索技术的发展，依赖图像处理、模式识别、计算机视觉及图像理解技术的合成，旨在提供更为精准和个性化的检索服务，满足用户对高效获取信息的需求。

3. 数字媒体传播技术

数字媒体传播技术的发展目标是构建一个高速、高效的网络平台，以支持数字媒体的传输与信息交流。该技术全面应用了现代通信技术和计算机网络技术，旨在实现"无所不在"的网络环境。数字媒体传输技术包括调制技术、差错控制技术、数字复用技术和多址技术等，而网络技术则涵盖公共通信网技术、计算机网络技术和接入网技术等。"三网融合"是数字媒体传播技术的重要发展方向，通过电信网、有线电视网和计算机通信网的整合，实现资源共享和网络资源的高效利用。统一的TCP/IP协议的采用，为不同网络间的业务互通提供了技术基础，推动了数字媒体内容服务的多样化、多媒体化和个性化的发展。

第二节 媒体新闻传播技术的构成

20世纪中期以来，随着计算机技术的发展，人类第一次能够利用"0"和"1"，对文字、图像、声音和数据进行编码、解码，能够标准化地收集、处理、存储和传输各种信息，并将信息进行高速处理，大大提高了人类处理信息的能力。

迄今为止，所有新媒体的出现和发展都是基于电信网、计算机网和广播网三个传输平台。而随着数字技术的发展，特别是IP技术的广泛应用，这三个传输平台相互融合，都具备了原来电信网的点对点对称交换传输方式、广播网的点对面传输方式和计算机网络多点对多点的传输方式的优点。

一、媒体信息处理与生成技术

媒体制作技术的发展与普及，正在引发内容制作方式的变革。今天的数字媒体技术已经能提供优质、简便的数字媒体制作与传播平台。各种数字录像机、数码录音笔等信息获取设备，各种数字媒体制作、处理软件，各种光盘、硬盘、磁带、磁盘、U盘等大容量数字媒体信息的存储工具，以及各种网络技术和流媒体技术等数字媒体信息的传播手段，在不断丰富和提升数字媒体内容制作与发布的途径与水平的同时，使数字媒体信息的制作和传播已经不再是诸如电视台、出版社和网站等专业部门的专利，而是每个爱好者都可以对自己的数字媒体作品进行制作与发布。

数字化技术是指利用数字"0"和"1"进行编码，通过通信卫星、计算机及光缆等设备，对所有信息进行表达、传输和处理的技术。数字化技术是数字压缩技术、纠错掩错技术、多路复用技术与调制解调技术等多种技术的综合，可以使广播、电视、通信等信号通过统一编码，以码流形式进行传播，因为全程均采用数字技术处理，因此信号损失小，接收效果好。

（一）媒体音频处理技术与标准

声音是振动的波，是随时间连续变化的物理量。声音的三个重要特性是振幅、周期和频率。音频是新媒体中携带信息的重要载体。音频信号可分为两类：语音信号和非语音信号。将数字技术引入音频处理领域必须进行数字化过程来传送、存储和再现原始声音，即采用取样、量化和编码来对音频信号进行模拟/数字（A/D）转换，经过数字系统的处理、存储和传送之后，又必须把这些数据通过再生电路进行数字/模拟（D/A）转换，输出模拟音频。这个过程称为音频的数字化。

数字音频文件格式用来在计算机或数字设备平台中存储和播放音频数据。常见的数字音频文件种类有 MIDI、WAV、CDA、MP3 等。有些文件格式只能在一种平台中使用，有的则能够在各种平台之间兼容。

MIDI 简称"乐器接口文件"，扩展名为".mid"。MIDI 标准规定了各种音调的混音及发音，通过输出装置就可以将这些数字重新合成为音乐，数据量小，能节省大量空间。

WAV 简称"波形音频文件"，扩展名为".wav"。WAV 格式支持系列波形编码和其他压缩算法，支持多种音频位数、取样频率和声道，是计算机上最为流行的声音文件格式，缺点是文件较大。

CDA 简称"激光音频文件"，扩展名为".cda"。它能准确记录声波，数据量大，经过采样，可生成 WAV 和 MP3 音频文件。

MP3 是 MPEG 音频压缩标准的压缩音频文件，必须经过解压缩，具有数据量小的优势，因此使用最为广泛，在互联网上相当普及。

音频数字化后形成的巨大数据量，为存储和传输音频信息带来了巨大压力。为降低传输或存储的费用，有必要对数字音频进行编码压缩。音频编码压缩的方法分为无损压缩和有损压缩两类，各种不同的压缩技术，其算法的复杂程度（包括时间复杂度和空间复杂度）、音频质量、算法压缩效率及编解码延时等都有很大不同。

在新媒体语音处理领域，语音处理与语音识别技术有着极其重要的作用。语音识别技术是涉及声学、语音学、语言学、计算机、信息处理和人工智能等多个领域的一项综合技术，其研究成果已广泛应用于新媒体信息处理与生成的各个领域。

（二）媒体图像处理技术与标准

媒体图像处理技术就是采用数字化技术对图像进行加工和处理，主要包括图像的获取、变换、增强、压缩编码、识别等技术。数字图像处理的主要技术包括图像变换技术、图像增强技术、图像平滑技术、边缘锐化技术、图像分割技术、图像编码技术、图像识别技术等。

在媒体技术中处理与应用的应是数字图像，图像的数字化过程主要包括取样、量化和编码。对一幅图像的描述需要涉及图像最重要的三个属性，即分辨率、像素深度、真 / 伪色彩。

分辨率，分为显示分辨率和图像分辨率。显示分辨率就是屏幕图像的精密程度，指显示器所能显示的像素的多少。屏幕能够显示的像素越多，说明显示设备的分辨率越高，显示的图像质量也越好。图像分辨率是指图像中存储的信息量，这种分辨率以每英寸的像素数来衡量，像素数越多，图像质量越清晰。像素深度是指储存每个像素所用的位数，它决定彩色图像的每个像素可能有的色彩数量，或者灰度图像的每个像素可能有的灰度级。真色彩指组成一幅彩色图像的每个像素值中，R、G、B 三个基色的分量，每个基色分量直接决定了显示设备的基色强度，这样产生的色彩称为真色彩。

对于视频图像的数字化，数字电视图像的优点有很多。电视图像数字化的常用方法有两种。一种为分量数字化，首先将复合视频信号中的色度与亮度进行分离，得到 YUV 分量或者 YIQ 分量，然后用三个 A / D 转换器对三个分量分别进行数字化。另一种是首先用一个高速 A / D 转换器对符合要求的视频信号进行数字化，然后在数字域中进行分离，以获得所希望的YUV、YIO等分量数据。

图像文件格式方面，静态图像文件格式主要有BMP、JPEG、TIFF、GIF、PNG等。

BMP文件采用的格式是Windows中的图像文件格式，Windows环境下所有图像处理软件的运行都支持这种格式，但它会占用相当大的空间。

JPEG格式是目前网络上最流行的图像文件格式，该格式压缩的主要是高频信息，对色彩信息的保留较好，适用于互联网，可有效减少图像的传输时间。

TIFF即"标记文件格式"，是一种较为通用的图像文件格式，也是图像文件格式中最复杂的一种，具有扩展性、方便性、可改性，支持多个图像。

GIF格式是在Web及其他联机服务上常用的一种文件格式。

动态图像文件格式一般可分为影像文件和动画文件。影像文件的主要格式有AVI和MPEG，以及流媒体文件格式RM、ASF和MOV等。动画文件格式有GIF、FLIC和SWF等。其中，MPEG是一个系列标准，有MPEG-1、MPEG-2、MPEG-4、MPEG-7和MPEG-21。

为减少图像数据中的冗余信息并以更加高效的格式储存和传输数据，必须运用数据压缩技术对图像进行压缩。根据对图像质量有无损伤可将图像数据压缩方法分为有损压缩编码和无损压缩编码。但是在实际应用中，往往会综合多种压缩编码方法对图像数据进行压缩编码处理，形成混合编码方法。

关于图像编码标准，ISO（国际标准化组织）、IEC（国际电工委员会）和ITU（国际电信联盟）等国际组织先后制定和推荐了一系列的图像编码国际标准，如ISO / IEC关于静止图像的编码标准JPEG、ITU关于电视电话／会议电视的视频编码标准H26x系列标准和ISO / IEC关于动态图像的编码标准MPEG系列标准等。

另外，在新媒体技术领域，图像识别技术也得到了日益广泛的应用，该技术是对图像进行特殊的预处理，再经分割和描述提取图像中有效的特征，进而加以判别、分类。当前，汉字识别、手写输入、指纹识别、人脸识别技术、图像检索技术都已经得到较大规模的应用。

二、媒体传输技术

（一）通信技术

媒体传输技术是现代通信技术和计算机网络技术相互融合而形成的。通信网是由用户终端设备、传输系统、交换系统组成的。现代通信技术的最高目的是通过移动通信系统和网络提供全球性优质服务，真正实现在任何时间、任何地点，向任何人提供移动通信服务。具有代表性的现代通信网络包括公众电话交换网、分组交换远程网、以太网、光纤分布式数据接口、综合业务数字网、宽带综合业务数字网、异步转移模式、同步数字序列、卫星通信、无线和移动通信网等。

（二）计算机网络技术

计算机网络的基本功能是实现资源共享和信息传输，还具有均衡分配负荷与提供综合信息服务等功能。随着互联网的普及和深入发展，计算机网络技术对新媒体传播产生的影响日益显现。

计算机网络由硬件和软件组成。按照网络覆盖范围分类，计算机网络可分为局域网（LAN）、城域网（MAN）、广域网（WAN）。互联网体系结构是以 TCP／IP 协议为核心连接的，其中的 IP 协议用来给各种不同的通信子网或局域网提供一个统一的互联平台，TCP 协议则用来为应用程序提供端到端的通信和控制功能。基于 TCP／IP 协议的网络体系结构分为四层，即网络接口层、网际层、传输层、应用层。互联网通过 IP 协议实现了不同物理网络的统一，使互联网实现了真正意义上的网络互联。现有 IP 协议为 IPv4 提供了互联网的基础资源，但 IPv4 的资源是有限的，如果不使用新的地址资源，新网民将无法正常上网，网络运营商的业务也无法拓展。为应对 IPv4 的资源短缺难题，IPv6 应运而生，这或许能够使互联网摆脱日益复杂、难以管控的局面。

IP 技术是支持网络互联的 TCP／IP 协议，它通过 IP 数据包和 IP 地址将物理网络细节屏蔽起来，向用户提供统一的网络服务。该技术能把计算机网、有线电视网和电信网融合为统一的宽带数据网或互联网。

三、媒体信息存储技术

媒体信息存储技术主要分为磁存储技术、半导体存储技术、光存储技术、存储网络技术以及新兴的云存储技术。

磁存储技术是指运用电磁效应原理将携带信息的电信号转换成具有相同变化规律的磁场，然后将磁性记录介质层磁化，并以介质层的剩磁的形式形成信息的物理标志长期保存；而在读取时，利用相反的电磁转换规律将磁性记录介质层上的信息物理标志变换成电信号。磁存储分为数字和模拟磁存储。数字磁存储技术中应用最为广泛的是硬磁盘，独立磁盘冗余阵列是一种大数据量的数据存储方法，用在日益增长的媒体系统和互联网上的各种服务器中。

根据半导体存储器的读写特性，可将其分为随机存取存储器（RAM）和只读存储器（ROM）两大类。进一步细分可分为 Flash、ROM、SRAM、EPROM、EEPROM 和 DRAM 等。闪存技术及可移动闪存卡是媒体数据存储中普遍采用的技术和设备，即使断电后重新打开文件也能保证内容不丢失。U盘、SD、XF、C-Flash、SM 等存储卡都采用了闪存芯片作为它们的存储介质。光存储技术在当前光学技术、激光技术、微电子技术、细微加工技术、计算机与自动控制技术的发展背景下，在记录密度、容量、数据传输率、寻址时间等关键技术上具有巨大的发展潜力。在光存储技术中，光盘存储技术采用光学方式来记录和读取二进制信息。标准的光盘种类有 CI＞DA、CD-ROM、CD-I、CI＞ROM／XA、PhotoCD、VCD 和 DVD 等。另外，蓝光存储技术利用波长较短的蓝色激光读取和写入数据，可将现在一般单面 DVD 光盘的存储容量提高 4～6 倍，比目前的 DVD 在容量和质量方面都高出一筹，在高清晰数字音像记录设备和电脑外存储器等方面有很广阔的应用前景。

存储网络技术是存储技术进入网络时代的产物。由于计算机技术不断向更便宜、更高效的方向发展，早期的主机式计算机也从大型的中心式系统演化为便捷的、企业级的服务器。同时，计算机平台的演化也受到了网络技术的影响。随着技术的日益成熟，速度更快、性能更好的存储技术将得到更多的市场驱动，存储网络也因此而到来。存储网络是为了传输大量原始数据而进行的专门优化，它是用在服务器和存储资源之间的专业的网络体系，具有很高的性能。在存储网络技术领域中，SAS、DAS、SAN 与 NAD 之间的区别将变得越来越模糊，传统客户端服务器的计算模式将会演变成全球存储网络，且这种全球存储网络具有任意连接性。

云计算是由分布式处理、网格计算与并行处理发展起来的，其首先通过网络将庞大的计算处理程序拆分为无数个较小的子程序，然后交给含有多部服务器的庞大系统，经过系统计算分析后，再将处理的结果反馈给用户。

云存储是对云计算概念的发展与延伸，是一个新的概念。云存储系统利用集群应用、分布式文件系统或网格技术等，通过应用软件将网络中大量的不同类型的存储设备集合并使之协同工作，然后共同对外提供业务访问、数据存储等服务。云存储的本质是服务，而非存储。云存储就像云状的互联网和广域网，对于使用者而言，其不是指某个具体设备，而是指由许多存储设备与服务器组成的集合体。使用者使用的是云存储系统带来的数据存储与访问的服务，而不是某一个存储设备，也就是"存储即服务"。

四、媒体终端技术

媒体终端正在向便携化、移动化、多媒体化方向发展，在网络层面逐渐趋向互联网、电信网、广播电视网的"三网融合"。在终端层面，智能手机、上网本、平板电脑等移动终端独领风骚。媒体终端技术由个人计算机技术、数字电视终端技术和移动终端技术组成。

数字电视是通过数字技术，将数据、活动图像、声音等进行压缩、编码、传输与存储，并实时发送、广播来供观众接收、播放的视听系统。根据信号传输方式，可将数字电视划分为有线传输数字电视（有线数字电视）、地面无线传输数字电视（地面数字电视）和卫星传输数字电视（卫星数字电视）；根据图像清晰度，可将数字电视划分为数字高清晰度电视（HDTV）、数字普通清晰度电视（LDTV）和数字标准清晰度电视（SDTV）；根据产品类型，可将数字电视划分为数字电视显示器、数字电视机顶盒和一体化数字电视接收机。

数字电视系统中，信源编码／解码、传送复用、信道编码／解码、调制／解调、中间件、条件接收以及大屏幕显示技术是数字电视系统的技术核心，此外还包括高速宽带网络技术等。信源编码／解码技术包括视频压缩编解码技术和音频压缩编解码技术。

第三节 媒体新闻传播的数字技术

一、数字出版

（一）数字出版概述

随着时代的发展和科技的进步，传统出版业务已不能满足人们日益增长的新需要，传统出版行业正在向数字化、网络化与信息化转型，开发数字出版新技术是其必然的发展趋势。

数字出版或数字化出版是一种重要的出版形式。在出版过程中，编辑、制作与发行的所有信息采用的是二进制代码，这种数字化形式被存储在光、磁等介质中，然后利用计算机或类似设备来处理、传递信息。

将计算机技术运用于整个出版过程中，并采用二进制的技术手段对编辑、制作、发行等各个环节进行操作，一般都属于数字出版范围。数字出版物种类很多，既包括CD、VCD、DVD、MP3或者手机下载的图书、图片、彩铃、彩信等，又包括各种不断涌现出的数字报纸、电子书、电子期刊等新形式。数字出版不仅丰富了出版物的形式与内容，还改变了人们对出版物的消费观与阅读方式。

（二）数字出版技术

数字出版技术是指将数字技术应用于出版领域。数字出版技术的种类很多，有数字出版系统集成技术、数字化编辑技术、数字化复制技术与数字化发行技术，还有一些与出版相关的其他技术。

1. 数字出版系统集成技术

数字出版系统集成技术属于数字出版综合性技术，主要包括媒体交互技术、数字信息库出版技术、数据仓库技术、数字内容管理技术、桌面出版系统以及通信技术等。

2. 数字化编辑技术

在选题、组稿、编辑的过程中，数字化编辑技术得到了广泛的应用。数字化编辑技术包括数字压缩技术、数字采集识别技术、数字标引校验技术，以及网络编辑技术、多媒体编辑技术等。

3. 数字化复制技术

从广义上讲，数字化复制技术指的是数字化印刷技术，具体包括机械照排技术、计算机光盘出版技术、激光照排技术、光电照排技术等。

4. 数字化发行技术

随着数字出版的兴起，数字化发行技术不断涌现，具体包括数据交换接口技术、数据标准技术、网上支付技术与安全认证技术等。

5. 一些与出版相关的其他技术

与出版相关的其他技术有数字版权保护技术（DRM）、二位条码新技术与电子纸新技术等。其中数字版权保护技术涉及的技术有电子交易技术、数字标识技术、存储技术以及安全和加密技术等。数字版权保护技术是指利用一定的计算方法来保护数字内容的版权，在技术上防止数字内容被复制，用户使用数字内容的前提是获得授权。

目前保护图像版权较为成功的数字技术是数字水印技术，其是利用一些算法，将重要信息隐藏于图像中，与此同时要保证图像基本保持原状（肉眼不容易觉察变化）。利用数字水印技术将版权信息加入图像中，一旦发觉有人未经许可而使用此图像，则可以使用软件来监测隐藏的版权信息，以此来证明此图像的版权。

终端阅读设备指的是用来显示和阅读数字出版物的终端，比如电脑、手机、PDA、专业手持阅读器等。目前最主流的终端显示技术是 E-ink 技术，也叫"电子墨水技术"，这种屏幕技术比较接近纸张的显示效果，与计算机屏幕相比，此技术显示的文字更清晰，且无辐射、无闪烁，人们可以长时间阅读，即使在户外强光环境下也可以阅读。

二、数字影视技术

数字影视技术的出现和应用，对人类社会来说是一次重大的科技进步，也是一次具有划时代意义的传媒革命。所谓影视数字化，从狭义上看，指的是数字化的电影与数字化的电视；从广义上讲，指的是运用数字技术将视音频信息进行生产、传输与接收，总体包括数字化电影、数字化电视与各种影视传播作品。

数字影视技术，也叫多媒体影视技术，它是影视媒体制作技术、影视媒体存储技术、影视媒体传输技术、影视媒体硬软件技术、多媒体数据压缩技术以及数字音频技术等的集合体。数字影视技术是基于硬件技术与软件技术，并与计算机图形图像处理技术相结合而形成的核心技术。数字影视技术，尤其是以 IT 技术与 CG 技术为核心的数字媒体，与艺术不断融合，在很大程度上带动了创意产业的发展。

利用计算机等科学技术，数字影视技术推出了很多先进的视频制作新设备，比如编辑机、智能化摄像机、数字三维特技机、MD 音频制作系统等。视频制作与播出的数字化、网络化给影视后期带来了变革，比如网络资源共享、录播变直播、图像无损转移等，这些都推动了影视传媒产业的快速发展。随着数字电视、高清数字电视以及三网融合的发展，大众可以享受到质量较高的娱乐体验，大众的生活水平也得到了很大的提高。可以说，数字影视技术大大推动了影视媒体的发展，对影视产业未来的发展趋势有极大的影响。

传统影视产业最初涉及的是制作、存储、传输、接收等方面的数字化，然后数字影视理念逐渐深入其他领域，如网络化服务共享、创意产业与影视产业经营等，由此体现出传统影视产业正经历数字化变革。数字影视技术发展的初期会更多地表现为数字技术的发展，但随着技术的普及和推广将会更多地体现为创作方式、创作理念的变革。

三、互动电视技术

互动电视是一种全新的媒体形式，它基于双向回传网络，优势表现在时移、点播、回放、信息服务等方面，用户可以在任意时间自由选择"电视新看法"。20 世纪 90 年代，在计算机网络技术、视频编解码技术与 IP 传输技术等多种技术的引导下，互动电视技术得到发展。数字电视技术、三网融合的推进，为互动电视技术创造了更多的发展机遇。

（一）互动电视

互动电视是一种具有互动功能的家庭电视，互动功能通过电视终端就可以单独实现。互动电视能提供的多媒体服务体现为推送性的数字服务（如准视频点播，是最低层次的互动），最新对称互动视频（如视频会议、远程医疗、远程工作），非对称性的互动视频。

互动电视作为一种服务系统，其最基本的特征是互动性。目前互动电视的互动性体现在以下两种方式中：

（1）可以将电视屏幕上的内容改变，比如接入背景信息、同时收看多个画面、改变摄像机角度等，也可以在收看主画面的同时对相关文本信息进行浏览等。

（2）通过回传通路（一般是电话线）为互动电视运营商提供比如订购产品、问卷调查反馈等信息。

互动电视是数字电视技术发展过程中的一次变革，也是数字电视产业的发展方向。20 世纪 80 年代，"数字电视"的概念被提出，业界对数字电视的实施模式进行了深入的探索，许多专家觉得数字电视的最终发展模式是互动电视。整个互动电视的核心技术是 JAVA 技术，同时使 DVB 技术规范在互动电视平台得到扩展。

（二）IPTV 技术

网络宽带业务的快速发展催生了基于 IP 技术的网络电视，同时传统电信与广播业务的融合进一步引发了新型 IPTV 业务的出现。作为一种互动电视的新形式，IPTV（也称为网络电视）是一种基于 IP 协议的交互式电视。它利用了 MPEG-4、H.264 等视频压缩技术与互联网基础设施，通过 IP 协议为用户提供各种交互式多媒体信息服务，包括数字电视广播、互联网浏览、IP 可视电话和视频点播（VOD）等。

IPTV 系统主要由计算机或 IPTV 机顶盒作为接收设备，显示设备可以是计算机显示器或电视机，并通过 IP 宽带网络实现交互式多媒体信息服务的传输。IPTV 将视频数字化后，借助 IP 广播、组播和流媒体技术，将内容传输到 IP 网络（或移动网络）上。

在众多技术中，组播技术、视频编解码技术与流媒体技术是 IPTV 的核心，其中尤以流媒体技术和组播技术最为重要。

1. 流媒体技术

流媒体技术允许用户在下载过程中即时观看视频或听音频，这一点改变了人们消费媒体内容的习惯。流媒体的核心在于数据传输机制，它采用了一种称为"缓冲"的技术，通过预先加载一部分内容来实现平滑播放，减少等待时间。此外，流媒体技术的另一个关键特点是压缩算法，能够在保证内容质量的同时，显著缩减数据的大小，这对于带宽有限的网络环境尤为重要。随着 5G 等新一代通信技术的发展，流媒体技术的潜力将得到进一步释放，实现更高清晰度和更低延迟的传输。

2. 组播技术

组播技术解决了传统单播方式在多用户环境下的带宽浪费问题，通过将数据包发送给一组特定的接收者，而不是单个用户，从而提高了网络资源的利用效率。组播技术的实现依赖复杂的网络协议和路由算法，确保数据包能够被准确无误地传送到每一个订阅者。这种技术不仅适用于直播电视节目，也适用于在线会议和远程教育等场景。随着互联网技术的不断进步，组播技术的应用范围和效率都有望得到进一步的提升，为用户带来更加丰富和高效的媒体体验。

四、数字广播技术

20 世纪 80 年代，数字化的浪潮在广播领域掀起。广播技术先后经历了调幅与调频两代，由于受到数字技术的影响，广播技术迎来了第三代即数字广播技术。数字广播系统可以传送声音广播节目以及静止或活动的图像等，是一种多媒体广播系统。

数字多媒体广播（DMB）、数字音频广播（DAB）、数据广播（DDB）与数字调幅广播（DRM）是具有代表性的数字广播技术。

（一）数字音频广播 DAB

DAB 系统在数字技术的基础上，加入了音频数字编码、数字调制、纠错编码以及数据压缩等技术。在系统接收端可以接收到与原始质量相同的节目内容。

数字音频广播（DAB）相对于传统广播技术主要有以下特点：

（1）音质纯真清晰，可达到 CD 水平，还可传输立体声音信号和多路环绕声。

（2）传输频率范围为 30MHz ～ 3GHz，传播过程中抗外界干扰能力强，抗衰落能力强。

（3）数字广播收音机操作简便，可自动选台。

（4）可利用电缆和卫星进行覆盖，覆盖范围广，接收的能力强，可实现多媒体接收、高速移动接收。

（5）频谱利用率比较高，能节约能源、降低电磁污染，有利于改善环境。

（6）具有多媒体广播的功能，既能传送声音广播节目，又能伴随其他的附加功能。

另外，还可以实现节目伴随资讯、电子报纸、电子购物、旅游报道、股市资讯、交通引导、交通时刻表、天气预报、预警预报、付费广播等功能。

（二）数字调幅广播 DRM

传统模拟调幅广播的工作频段是 150KHZ～30MHz，具有覆盖范围广、接收成本低等优点，同时存在着传输质量差、易被干扰、业务单一等方面的不足。伴随着互联网、数字音频广播（DAB）、FM 调频广播等新技术的出现，传统模拟调幅广播受到了很大的冲击，面临着严峻的挑战，对原模拟调幅广播进行数字化改造非常迫切。数字调幅广播（DRM）可以将中、短波模拟调幅广播（AM）取代，最新的 DRM 工作频率达到了 120MHz。

世界数字调幅广播组织确立了 30MHz 以下的数字调幅广播标准，即 DRM 标准。数字调幅广播采用了数字压缩、数字传输技术，具有传统模拟调幅广播的多种优点，如覆盖范围广、接收成本低等，与此同时克服了传统模拟广播中存在的不足。

现阶段实施数字调幅广播可以在不改变模拟调幅频率的基础上进行改造，改造成本低。技术门槛相对不高。改造后的传播系统还可同时传送数字和模拟两种调幅广播，原模拟发射机只需增加相应的数字化改造模块即可继续使用，同时改造后的发射机的发射功率大大降低，既节省了广播电台的运行费用，又降低了电磁辐射，改善了环境。

（三）高清晰度广播 HD Radio

高清晰度广播 HD Radio 是一种数字广播技术。HD Radio 的工作频率和当前分配给 AM 和 FM 电台的频率一致。基于原模拟广播进行简单改造，AM 广播音质可提升到调频立体声的水平，FM 广播音质可提升到 CD 水平，也可提供很多的数据新业务。HD Radio 技术可以利用现有模拟广播的录、播、放和发射系统，只要添加与该技术相关的关键设备，就可以实现数字化广播，即实现在现有广播频谱内同时传送模拟数字信号，并且模拟广播技术即使将来停用也可以直接转成单独的数字广播系统。HD Radio 的主要特点如下所示。

（1）无须占用新频率资源，HD Radio 可以使用与目前 FM／AM 广播相同的频段，并向下兼容现有的 FM／AM 广播，由模拟向数字的平滑过渡得以实现。

（2）在现有模拟广播（包括发射天线）的录、播、放和发射系统的基础上，只需添加 HD Radio 信源编码，并附加激励器等关键设备，就可以实现数字化广播。

（3）所提供的广播是高音质的。

（4）HD Radio 收音机既可以接收现有的 FM／AM 广播节目，又可以在现有的一个"频率"上播放多套广播。

（5）HD Radio 技术在接收数字广播的同时，也可以提供与节目相关的附加数据服务，并且能以文字形式在终端显示出来，比如文字新闻、广告、天气预报及实时路况信息等。

(6) 能实现听众可编程的功能, 比如节目的延时播放、个性点播及定时接收等。

以上三种数字广播技术是目前国际上比较流行且比较成熟的技术。随着数字时代的到来, 面对网络等新媒体的挑战, 传统广播要想在未来的媒体环境中占有一席之地, 必须进行数字化改造。为使信息传播更方便、更快捷, 要充分利用最新数字广播技术来促进广播事业的发展, 同时也应在政府管理、公共服务等重要领域开展相关业务。

五、数字网络社区

（一）网络社区的概念

网络社区是一种虚拟的网上交流空间。对于网络社区, 国外学者经常使用"在线社区""虚拟社区""电子社区"等名称, 而我国学者对它也有不同的叫法, 如"虚拟社区""网络社区"等。

网络社区的基础核心应用为论坛（BBS）, 还有多种形式的网上互动平台, 如公告栏、在线聊天、交友、群组讨论、个人空间等, 在相同主题的网络社区里具有相同兴趣的访问者可以集中在一起。实际上, 网络社区就是一种网上交流空间, 它的存在形式多种多样, 如网络聊天室、博客、交友中心、个人主页空间、网上校友录等。

（二）网络社区的特征

正如人类社会中的任何一个组织群体一样, 网络社区也有一定的社区规则。在网络社区里, 具有相同兴趣爱好或信息需求的社区成员聚集在一起, 他们可以进行实时互动或非实时互动。网络社区具有的特征如下。

1. 社区成员通过网络进行交流与信息共享

社区成员不受时间和地域的限制, 可以凭借虚拟身份参加社区活动, 而且他们之间的交流可以是实时性的, 也可以是非实时性的。只要将一台计算机连上网络, 就可以将世界任何地方使用网络的人们联系起来, 社区成员之间就可以进行信息共享。

2. 社区成员的符号标识

在网络社区里, 社区成员可以根据自己的爱好, 用任意的用户名来标示自己, 没必要用自己真实的姓名, 活跃在虚拟网络中的现实人可以随意设定自己的符号标识, 同时也能保护自己的隐私。

3. 网络社区活动具有民主、平等、自由的性质

这个特点体现的是人际互动的匿名性。网络社区成员在不违反社区规章或规则的前提下, 可以自主选择是否参加社区活动以及参加哪一项社区活动, 换句话说, 在参加社区活动的问题上, 社区成员是民主、平等、自由的。

4. 社区成员对网络社区存有一定的归属感

社区以地缘关系为基础。相同社区的成员在共同的地域中生活，会面对共同的问题，存在共同的利益。特别是处在相同的历史与文化背景中，社区成员拥有共同的价值观与语言，从而使社区对成员有一种天然的吸引力。"网络社区"的推出，使网民体会到了亲和力和吸引力。与在现实生活中一样，网民在网络中也有着很强的群体归属心理。在网络社会中，网络社区正是网民寻求的群体归属地，是网络建设者借助网络为网民提供的网上交流空间。随着信息技术的发展，网络社区的功能日益完善，同时给人们的现实生活带来了很大的影响，必然会成为人们现实生活中不可缺少的一部分。

第二章 数字时代的新闻机构

第一节 技术变迁对报纸新闻专业文化的重塑

一、新闻类报纸数字化转型发展的"双轮驱动"

自20世纪末期,报业开始尝试与互联网融合,但受限于旧有观念、技术壁垒及人才缺乏等因素,这一进程步履维艰。随着新媒体的崛起,传统纸质媒体的影响力日渐减弱。尽管经过多年努力,部分媒体实现了转型,但大部分地方性报刊难以恢复昔日辉煌。目前,随着数字技术的飞速发展,数据已成为推动变革的核心力量。各行各业纷纷启动数字化转型,探索数据的深层价值,以数据为驱动力,促进整个行业的发展。新闻传媒业,作为拥有海量用户数据的行业,亟需认识到数据的重要性,并将其作为推动发展的关键资源,从而在互联网的竞争中占据有利地位。

(一)新闻类报纸及媒体行业数字化转型的客观需要

报纸业的数字化进程,不仅是其摆脱当前逆境的有效途径,更是顺应时代潮流的必然选择。随着内外部环境的日益复杂化,数字化转型的步伐亦在不断加速,这对于报纸行业而言,是一次刻不容缓的革新。

1. 报纸媒体行业发展停滞倒逼数字化转型

随着互联网和移动设备的普及,公众获取信息的渠道和习惯发生了根本性变化,导致传统报纸的发行量和广告收入持续下降。为了适应这一变化,报纸媒体必须加快数字化转型的步伐。这不仅包括将内容数字化,发布到网络平台,更涉及运用大数据分析、人工智能等技术,提高内容的个性化推荐和互动性,以吸引和留住读者。同时,报纸媒体还需要探索新的商业模式,如付费订阅、内容营销等,以实现可持续发展。

2. 新媒体行业规范化发展为报纸媒体入局提供契机

新媒体行业的规范化发展,为传统报纸媒体的数字化转型提供了重要契机。随着相关法律法规的完善和监管力度的加强,新媒体行业的市场环境日益规范,这为报纸媒体的数字化转型创造了有利条件。报纸媒体可以利用自身在内容生产、品牌建设等方面的优势,结合新媒体的技术特点，开发出符合市场需求的数字化产品。同时，报纸媒体还需要加强与新媒体平台的合作，通过资源共享、渠道互补等方式，实现互利共赢。此外，报纸媒体还应积极参与到新媒体行业的规范化建设中，通过自律和他律，推动行业健康发展，为自身的数字化转型营造良好的外部环境。

（二）新闻类报纸及媒体行业数字化转型的"双轮驱动"

报纸媒体的活力来自其内容的多样性与深度。在此基础上，创新、技术与内容三者构成了相辅相成的关系网络。创新不仅是行业革新的驱动力，也是推动技术进步的催化剂，而技术则是有效传递内容的工具。数据的重要性在于能够精准捕捉受众需求，并预测行业趋势，而内容是提升受众满意度和最大化信息价值的基石。面对数字化转型，新闻媒体需要坚持内容和数据的双轮驱动战略，确保两者发挥最大的作用。

1. 新闻类报纸媒体数字化转型发展的"数据驱动"

通过收集和分析大量的用户数据，包括阅读习惯、偏好和反馈，报纸媒体能够更准确地理解其受众群体，从而提供定制化的内容服务。利用数据挖掘技术，可以揭示用户行为的模式和趋势，为编辑决策提供科学依据。通过对用户行为数据的实时监控，报纸媒体可以快速响应市场变化，及时调整内容策略。数据驱动的另一个关键应用是推荐系统的建立，它能够根据用户的历史行为和偏好，推荐相关新闻，增强用户的阅读体验。随着大数据技术的发展，数据驱动将在报纸媒体的数字化转型中发挥更加重要的作用。

2. 新闻类报纸媒体数字化转型发展的"内容驱动"

在信息爆炸的时代，高质量的内容仍然是吸引和留住用户的关键。报纸媒体需要不断创新内容形式，如采用多媒体、互动式报道，以及利用虚拟现实（VR）和增强现实（AR）技术，提供沉浸式新闻体验。同时，报纸媒体还应增加内容的深度和广度，通过深入调查和分析，提供独到的见解和评论。报纸媒体还应重视内容的本地化和个性化，满足不同用户群体的需求。在数字化转型的过程中，报纸媒体需要建立强大的内容生产和管理团队，以确保内容的质量和创新性。只有通过"内容驱动"，报纸媒体才能够在竞争激烈的媒体市场中脱颖而出，实现可持续发展。

（三）"双轮驱动"体系化推进新闻类报纸媒体数字化转型

如何充分发挥数据和内容的双向内生动力，是推动数字化转型的关键所在。数据作为梳理和归纳信息的有效工具，为精准捕捉受众需求提供了重要支撑；而好的内容则是满足受众需求的不竭动力。两者相辅相成，形成了引领创新发展的双轮驱动。

1. 充分挖掘数据资源，有效释放信息数据新动能

（1）以数据为中心，打造报纸全媒体矩阵

数据资源的充分挖掘为新闻类报纸媒体的数字化转型提供了强有力的支撑。通过整合用户阅读数据、行为数据和反馈数据，报纸媒体能够构建起一个多渠道、多形式的全媒体传播矩阵。这个矩阵通过网站、移动应用、社交媒体等数字平台，实现内容的多渠道分发，同时利用算法推荐系统，为用户推送个性化新闻，增强用户体验。此外，全媒体矩阵的建立还促进了报纸媒体与用户之间的互动交流，通过实时收集用户反馈，快速响应市场变化，进一步提升内容的相关性和吸引力。

（2）页面人性化与智能化相结合

新闻类报纸媒体的数字化转型在页面设计上实现了人性化与智能化的深度融合。利用人工智能技术，报纸媒体能够根据用户的阅读习惯和偏好，自动调整页面布局，优化内容展示，提供千人千面的个性化体验。同时，页面设计采用清晰的版面布局和直观的导航系统，使用户能够轻松找到感兴趣的新闻内容。此外，智能化的页面还能够根据用户的实时反馈进行自我学习和调整，不断提升用户的满意度和忠诚度。

（3）新闻可视化与趣味化相结合

在新闻内容的呈现上，新闻类报纸媒体通过结合可视化与趣味化的手段，使新闻阅读变得更加生动和有趣。数据可视化技术的应用，将复杂的数据信息转化为直观的图表或图像，帮助用户快速把握新闻要点，提高信息的可读性和易理解性。同时，趣味化的内容设计，如融入动画、视频、互动游戏等元素，增加了新闻的娱乐性和互动性，吸引了更多年轻用户的注意力。这种结合了可视化与趣味化的新闻呈现方式，不仅提升了用户的阅读体验，也增强了新闻的传播力和影响力。

2. 充分发挥报纸媒体优势，以内容占领传播高地

随着新媒体平台的野蛮生长，越来越多的人开始审视互联网信息传播的意义，开始重视对新闻内容的质量要求。高质量、高内涵、有价值的信息开始被人们理性认知和渴求。新闻类报纸的数字化转型必须要认识到"内容即真理"的实质价值，以高质量内容作为核心工具去突破、占领传媒高地。

（1）以需求为导向，打造个性化新闻定制

通过用户数据分析技术，新闻类报纸媒体能够深入了解读者的阅读习惯和偏好，进而实现新闻内容的个性化定制。这种定制服务利用算法向用户推荐他们最可能感兴趣的新闻，提升阅读体验的同时，也增强了用户的忠诚度。个性化新闻不仅注重对内容的选择，还包括格式和呈现方式的个性化，如通过增强现实（AR）技术提供交互式新闻，或通过智能语音助手进行音频新闻的个性化播放。此外，报纸媒体可以通过社交媒体和在线调查等渠道，收集用户反馈，进一步细化个性化服务。

（2）以内容为中心，驱动整个传播链

报纸媒体在数字化转型中，继续以提供高质量内容作为传播的核心。这要求报纸媒体不断加强新闻采编团队的专业能力，确保所发布信息的准确性和深度。同时，通过整合多媒体资源，如视频、音频和动画，丰富新闻内容的表现形式，提高信息的吸引力和传播效率。报纸媒体还需利用搜索引擎优化（SEO）和社交媒体策略，扩大内容的在线可见度，吸引更广泛的受众群体。此外，通过建立用户反馈机制，报纸媒体可以及时调整内容策略，确保内容与用户需求同步。

（3）以权威为核心，引领舆论导向

报纸媒体在数字化时代更需坚守权威性，通过深入调查和专业报道，树立行业标杆。权威新闻内容的产出，依赖报纸媒体长期以来积累的品牌信誉和专业记者团队。同时在报道过程中，要坚持客观公正的原则，对信息源进行严格核实，避免不实报道的传播。另外，报纸媒体应利用其权威性引导公众舆论，对重大社会事件提供深度分析和评论，帮助公众形成全面、理性的认识。在数字化平台上，报纸媒体可以通过开设专栏、举办线上论坛等形式，与读者进行更直接的交流，进一步巩固其权威地位。

二、基于新闻客户端的报纸数字化转型

纵观报纸媒体的发展历程，自改革开放以来经历了两次自我变革：第一次是由于传统媒体行业竞争所引发的自我调整；第二次则是受传媒技术的影响而进行的数字化转型，这也是当前传媒行业正在经历的重大变化。过去，新闻传播以媒体为中心，大众只能通过报纸、电视等媒介被动接收新闻；而在互联网时代，新闻传播开始向"去媒体化"转变，大众在新闻传播中的参与权和话语权不断增强，新闻传播渠道呈现多元化的特点。在这种背景下，新闻客户端的优势逐渐显现出来并得以发展。

与传统纸媒相比，新闻客户端在内容呈现、新闻获取和阅读体验等方面更加符合大众的期望。个性化、定制化的服务使新闻传播具有交互性和社区性特点，为报纸媒体提供了全新的发展优势和生存空间，对于未来纸媒的数字化转型具有重要意义。如今，传统媒体和新媒体都在寻求转型，移动客户端凭借其便捷性成为各大媒体追逐的焦点。但纸媒受限于自身传统观念、传播模式及新闻运作方式等方面的不足，陷入了转型困境。为此，报纸媒体必须明确"以大众为中心"的新闻传播理念，深入分析新时代对纸媒数字化转型提出的变革要求，从而优化和创新新闻客户端的管理与运营。

（一）报纸媒体数字化转型的形式

互联网的崛起彻底改变了传统新闻线下传播的固定模式，导致纸媒面临受众大量流失、广告客户减少以及传播影响力显著下降的困境。为应对这些挑战，纸媒积极探索资本运作、拓展经营范围和数字化转型等策略。在融媒体时代，纸媒将数字化发展战略与短视频等新媒体相结

合，使新闻客户端成为这一战略的典型成果。

1. 报纸媒体转型路径分析

（1）资本运作推动转型

报纸媒体通过资本运作实现转型的路径，涉及利用积累的资金进行投资和并购，以拓展业务范围和增强市场竞争力。这种转型方式依赖纸媒在传统广告收入中的资本积累，以及对市场趋势的敏锐洞察。通过资本的力量，报纸媒体可以快速进入新的业务领域，如数字技术、移动应用开发等，同时也能够通过并购来获取新技术或新用户群体。此外，资本运作还能为报纸媒体提供更多的资源来支持创新项目，增强其在数字时代的竞争力。

（2）多元产业发展策略

报纸媒体通过向多元产业拓展来实现转型，通常包括向印刷、房地产等非新闻领域的延伸。这种策略有助于分散经营风险，同时利用报纸媒体的品牌影响力和资源，开发新的收入来源。多元化的产业发展不仅能够为报纸媒体带来新的盈利点，还能够增强其在不同市场的影响力。通过这种方式，报纸媒体能够在保持核心新闻业务的同时，探索新的发展机会。

（3）区域渗透与资源整合

通过区域渗透和资源整合实现转型，报纸媒体可以建立起跨地区的传媒集团，增强市场控制力。这种转型方式侧重于通过合并、收购或合作，形成大型的媒体集团，以减少行业内的竞争，提高新闻内容的独家性和扩大覆盖面。区域渗透还意味着报纸媒体可以更好地服务于二、三线城市，提供更贴近当地群众生活的新闻内容，从而开拓新的市场和读者群体。

（4）数字化转型的挑战与机遇

数字化不仅要求报纸媒体在内容生产上进行创新，还需要在技术、平台和商业模式上进行革新。通过与新媒体的合作，报纸媒体可以向全媒体文化集团转型，利用数字技术提高内容的互动性和可访问性。然而，数字化转型需要巨大的初期投资和长期的市场培育，这对于许多报纸媒体来说是一个不小的负担。因此，如何平衡投资与回报，如何在数字化的道路上实现可持续发展，是报纸媒体在转型过程中必须深思熟虑的问题。

2. 报纸数字化转型形式分析

（1）利用社交媒体拓展传播渠道

报纸媒体通过开通微信公众号、微博账号等社交媒体平台，实现了与用户的即时互动和信息的快速传播。这种社交媒体的运用，不仅拓宽了报纸媒体的受众基础，也增强了用户的参与感和忠诚度。通过社交媒体的数据分析功能，报纸媒体能够更准确地把握用户需求，实现内容的个性化定制和精准推送。同时，社交媒体的互动性也为报纸媒体提供了宝贵的用户反馈，有助于优化内容生产和提高服务质量。

（2）创办新闻客户端增强用户体验

这些客户端通常具备个性化推荐、即时新闻更新、互动评论等功能，为用户提供了便捷、丰富的新闻阅读体验。客户端的推出，使报纸媒体能够摆脱传统印刷发行在时间和空间上的限制，实现全天候、全方位的新闻覆盖。此外，新闻客户端还能够通过用户行为分析，为报纸媒体提供更深入的洞察，指导内容策略的调整和优化。

（3）多平台内容分发与算法应用

在向数字化转型的过程中，报纸媒体开始尝试在多个平台上进行内容分发，如短视频平台、新闻聚合平台等，以扩大影响力。同时，报纸媒体也在探索利用算法技术，实现内容的自动化推荐和个性化定制。通过算法，报纸媒体可以根据用户的阅读历史和偏好，推送最相关、最感兴趣的新闻，提高用户的阅读满意度。然而，算法的应用也带来了挑战，如何确保信息的多样性和避免"信息茧房"的形成，这需要报纸媒体在技术应用和内容把关上做出平衡。

（二）新闻客户端的概念及优势

1. 多媒介融合的新闻体验

新闻客户端通过融合文字、图片、音频和视频等不同媒介，为用户带来了前所未有的新闻体验。用户在阅读新闻的同时，可以观看相关的视频报道，或者通过音频来获取信息，这种多感官的信息接收方式极大地提升了用户的理解和记忆能力。此外，新闻客户端还能够利用动画和虚拟现实技术，为用户呈现更加直观和生动的新闻场景，使用户仿佛身临其境。这种多媒介的融合不仅丰富了新闻的表现形式，也使新闻内容更加立体和完整。

2. 突破时空限制的新闻获取

新闻客户端利用互联网技术，实现了新闻的实时更新和传播，用户可以在任何时间、任何地点通过移动设备获取到最新的新闻资讯。这种突破时空限制的新闻获取方式，使用户不再受限于传统媒体的出版周期，可以第一时间了解到国内外发生的大事。同时，新闻客户端还能够根据用户的阅读习惯和偏好，进行个性化的新闻推送，使用户能够在海量的新闻信息中，快速找到自己感兴趣的内容。

3. 用户参与度极高的新闻互动

新闻客户端为用户提供了一个参与新闻创作和传播的平台。用户可以通过客户端发布自己的新闻或观点，与其他用户进行互动和讨论。这种用户参与度高的新闻互动方式，不仅增强了用户的参与感和满足感，也为新闻机构提供了宝贵的用户反馈。新闻机构可以通过分析用户的互动行为，了解用户的兴趣和需求，从而优化新闻内容的生产和推送。

4. 个性化定制的新闻服务

新闻客户端通过应用先进的数据分析和机器学习技术，为用户提供个性化的新闻推荐服务。用户可以根据自己的兴趣和偏好，选择关注特定的新闻类别或话题。新闻客户端会根据用户的阅读历史、搜索记录和行为模式，智能推荐相关新闻，使用户能够在海量的新闻信息中，快速找到自己感兴趣的内容。这种个性化定制的新闻服务，不仅提高了用户的阅读效率，也提升了用户的阅读体验。

5. 全球视野的新闻传播

新闻客户端通过网络技术，实现了新闻的全球传播和互动。用户无论身处何地，都可以获取到来自世界各地的新闻资讯。这种全球视野的新闻传播方式，不仅扩大了用户的视野，也使用户能够更加全面和深入地了解世界。同时，新闻客户端还可以根据不同地区的用户需求，提供本地化的新闻服务，满足用户的地域性信息需求。这种无地域限制的新闻传播，为新闻机构提供了更广阔的市场空间，也为用户带来了更丰富的信息选择。

（三）新闻客户端的实践给报业数字化转型带来的启示

1. 服务为王：构建以用户为中心的服务体系

在新闻客户端的实践中，纸媒从业者逐渐认识到，仅有高质量的新闻内容是不够的，必须建立起以用户为中心的服务体系。这意味着纸媒需要从传统的内容生产者角色转变为服务提供者，通过新闻客户端提供更加个性化和互动性强的服务。例如，通过数据分析了解用户的阅读习惯，推送定制化的新闻内容；利用人工智能技术，提供智能问答和语音交互服务；建立用户反馈机制，及时响应用户需求。这种"服务为王"的理念，要求纸媒在内容生产、技术应用、用户体验等多个方面进行创新，以提升用户满意度和忠诚度。

2. 用户参与：激发用户内容生产的动力

新闻客户端的成功运营表明，用户不仅是新闻的接收者，更是内容的创造者和传播者。纸媒应该充分利用这一优势，鼓励用户参与到新闻内容的生产过程中。这可以通过设置用户投稿平台、开展新闻话题讨论、举办摄影和写作比赛等方式实现。同时，纸媒还应该探索与用户的合作模式，可通过利润分成、稿费支付等方式激励用户提供优质内容。通过激发用户的参与热情，纸媒不仅能够获得更丰富、多元的新闻素材，也能够增强用户的归属感和忠诚度。

3. 移动优先：优化移动端用户体验

随着移动互联网的普及，新闻客户端成为用户获取信息的主要渠道。纸媒必须将移动优先战略作为数字化转型的核心，优化移动端的用户体验。这包括简化客户端界面设计，提供快速、流畅的阅读体验；开发个性化推荐算法，满足用户的个性化需求；利用LBS技术，提供场景化的新闻服务等。此外，纸媒还应该关注用户在移动端的行为习惯，如碎片化阅读、即时分享等，以此来调整内容生产和传播策略。

4. 社交融合：利用社交网络增强互动性

纸媒可以通过与社交媒体的融合，增强新闻客户端的互动性和社交性。这可以通过在新闻客户端内嵌入社交功能，如评论、转发、点赞等，让用户在阅读新闻的同时，能够方便地与他人交流和分享。纸媒还可以利用社交媒体平台，如微博、微信等，进行新闻的推广和用户互动。通过社交融合，纸媒不仅能够扩大新闻的传播范围，还能够构建起与用户的长期互动关系，提高用户黏性。同时，纸媒还应该关注社交媒体上的用户反馈和舆论动态，及时调整新闻内容和传播策略。

第二节　数字时代的电视新闻生态转型

一、数字时代中国泛新闻生态系统的构建

数字化浪潮与信息革命席卷而来,电视媒体成为深受数字化影响的代表,研究其发展现状与转型方向对媒体融合具有重要借鉴意义。面对国内新闻的"泛化"现象,新闻系统的重塑、新闻价值的漂移等问题逐渐进入学界与行业视野。

（一）新闻泛化

1. 新闻学的未来走向

新兴媒介技术的兴起对传统新闻生产方式带来了前所未有的冲击,促使学术界对新闻学的未来走向进行了深入的思考。杨保军教授在其文章《新闻学的"下一步"》中,将国内对新闻学未来发展的态度分为"保守派""改革派"和"革命派"。"保守派"坚持认为新闻学的核心价值和原则并未因技术变革而改变;"改革派"则认为新闻业应适应新技术带来的变化,同时保持与传统的连续性;"革命派"呼吁新闻学应进行根本性的重构,以适应数字化时代的要求。无论各流派的观点如何,学界普遍认同未来的新闻学将不再局限于传统的新闻活动,而应将视野扩展到全社会化的新闻现象,特别是数字技术、网络技术和人工智能等新兴技术对新闻行业的影响。

2. 新闻系统的全面重塑

新闻学亟需从传统的视角转换为更广阔的人类传播实践的视角,将新闻实践与其他类型的传播活动并置考察,并在此过程中探讨新闻实践的特殊性及其实践规范。在新媒体环境下,传统的"受众"概念已经转变为"用户",其数量呈现爆炸性增长,用户间通过数字技术形成了复杂的网络关系。每个用户在新闻信息传播网络中既是接收者也是传播者,具有内容生产、传播和消费的多重属性。新闻行业与科技、艺术等多领域的融合,使普通社会成员也能参与到新闻的生产、制作和发布中,自媒体的兴起让个人能够将写作、摄影作品,以及对新闻事件的目击感受、评论,甚至个人的生活方式和感悟,发布到公共视野中,与更广泛的受众互动。

3. 新闻价值观念的转变

在数字时代,新闻价值和道德的判断标准正在从传统的公共视角转向更加个人化和私人化的情境。自媒体用户的价值观念对新闻价值的判断产生了重要影响。新闻泛化现象带来的挑战,

包括对新闻事实的不实报道、夸大、歪曲等行为，以及抄袭、"标题党"等低俗手法的泛滥，都对新闻生态造成了不良影响。同时，对自媒体的误解和相关法规的不完善也是当前新闻行业面临的问题。尽管这些问题暂时存在，但主流媒体应发挥其引领作用，坚持正确的舆论导向，积极参与变革，成为行业规则的制定者和引领者，而非仅仅是跟随者。

4. 主流媒体的责任与使命

面对新闻泛化带来的挑战，国内主流媒体应承担起责任，发挥示范作用，坚守新闻职业的道德。主流媒体应积极参与新闻生态的变革，不仅要作为变革的积极参与者，还要努力成为行业规则的引领者。主流媒体需要坚持"48字职责使命"，维护正确的政治方向，通过长时间、高频率、多角度的报道，推出有深度和影响力的新闻内容，使主旋律更加响亮，引导公众舆论，澄清谬误、明辨是非，并成为连接国内外、沟通世界的桥梁。通过这样的努力，主流媒体可以构建一个更加健康、理性的新闻传播环境。

（二）在"变"与"不变"中寻求发展

如今，全国范围内的报刊、广播、电视等传统媒体已经在技术和内容上实现了多维度、多层次的融合。互联网和数字技术的普及推动了传媒业的深刻变革，新闻的生产方式和市场需求也因此发生了巨大变化。在全媒体时代，新闻生态不仅是一个生产系统，更是由整个新闻传播链条和信息网络构成的社会系统。新媒体在面对广阔市场的同时，还需要迎接复杂多样的竞争对手与多元传播平台的挑战。媒介的界限逐渐模糊，加速了新闻业与其他行业的融合，构建了泛新闻生态系统。对传统媒体而言，这既是压力和挑战，也是动力和机遇。虽然泛新闻生态系统会继续演变，但传播者、内容、渠道和受众依然是新闻生态系统的核心元素，大众传播、群体传播、组织传播和人际传播依旧是基本传播形式，数字技术不会彻底颠覆现有的新闻生态体系。

1. 电视媒体的融合与创新

一方面，传统电视频道面临着与新兴媒体平台的激烈竞争，用户的收视习惯和信息消费模式发生了显著变化。另一方面，数字技术的发展为电视媒体提供了新的传播渠道和互动手段。电视媒体频道管理者必须转变观念，从传统的大众媒体视角转向更广阔的人类传播实践视角，探索在新媒介生态中构建新闻新生态的可能性。这不仅要求电视媒体加强与社交媒体、移动应用等新兴平台的融合，还要求电视媒体创新内容生产方式，提升用户体验，以顺应数字化、社交化的信息传播趋势。

2. 泛新闻生态的构建与发展

泛新闻生态系统的构建，标志着新闻传播活动已经从传统媒体的"一元主导"转变为多元主体共同参与的"全民传播"。在这一系统中，个体、组织甚至机器都可以成为新闻信息的生产者和传播者，专业与业余的界限变得模糊，公共与私人的交融成为常态。泛新闻生态不仅拓宽了人们获取信息的渠道，也延伸了人的感官体验，加强了人与环境的互动。电视媒体在泛新闻生态系统中，需要重新定位自己的角色，既要发挥专业媒体的权威性和公信力，也要积极吸纳社会各界的参与和贡献，构建开放、包容、互动的新闻传播平台。

3. 新闻价值的坚守与重构

尽管新闻传播的形态和渠道发生了巨大变化，但传播者、内容、渠道、受众等核心要素仍然是新闻生态系统的基础。电视媒体在数字化转型的过程中，既要顺应新闻泛化的趋势，也要坚守新闻职业的责任和使命。这要求电视媒体在内容生产上坚持真实、准确、全面、客观的原则，抵制虚假新闻、"标题党"等不良现象，维护新闻的公信力和权威性。同时，电视媒体也要积极探索新闻价值的重构，通过深入挖掘用户需求，创新报道形式和传播手段，提供有深度、有温度、有态度的新闻内容，以满足用户对高质量新闻信息的需求，促进新闻传播事业健康发展。

二、电视新闻节目的数字化重构与受众互动

（一）电视新闻节目数字化重构的原则

1. 用户中心：定制化内容与个性化体验

电视新闻节目的数字化重构首先应以用户中心原则为核心，这意味着节目制作必须紧密围绕观众的实际需求展开。为了满足现代观众对信息消费的个性化和多样化需求，电视新闻节目的制作者应通过数据分析等技术手段，深入了解观众的兴趣点、信息接收习惯及互动偏好。基于这些洞察，节目制作团队可以设计出更具吸引力的节目内容，包括定制化的新闻报道、专题讨论和深度分析等。同时，通过提供个性化推荐服务，电视新闻节目能够为不同观众群体带来量身定制的观看体验，从而提升观众的忠诚度和满意度。

2. 多平台适应性：跨屏一致性与优化体验

在数字化时代，观众接触新闻内容的渠道日益多样化，因此电视新闻节目必须具备多平台适应性。这一原则要求节目在设计之初就考虑到不同数字媒体平台的特性，包括智能手机、平板电脑、PC端以及智能电视等。电视新闻节目应确保在各个平台上都能提供一致而优化的观看体验，无论是内容的呈现形式、互动功能还是访问速度上。此外，多平台适应性还涉及对不同用户界面（UI）和用户体验（UX）的精心设计，以适应不同设备的使用场景和操作习惯，确保用户无论通过何种设备接收新闻内容，都能获得流畅且愉悦的体验。

3. 互动性和参与性：增强观众参与度与内容共创

电视新闻节目的数字化重构还应强调互动性和参与性原则，这要求节目制作团队打破传统的单向传播模式，转而采用更加动态和参与性强的内容呈现方式。通过引入实时投票、在线评

论、社交媒体互动等元素，电视新闻节目能够激发观众的参与热情，让观众成为新闻传播过程的一部分。这种双向互动不仅能够提升观众的满意度，还能为节目制作提供宝贵的反馈和多元视角，从而提高新闻内容的质量和增加深度。此外，互动性和参与性原则还鼓励观众参与节目内容的创作，如通过用户生成内容（UGC）的形式，让观众参与到新闻话题的讨论和内容的创作中，共同塑造电视新闻节目的数字化未来。

（二）电视新闻节目与受众互动的意义

1. 观众互动与节目忠诚度

电视新闻节目通过设置观众互动环节，能够显著增强观众的节目忠诚度。互动环节如在线调查、实时评论、社交媒体讨论等，不仅使观众感受到自己对节目的影响力，还加强了他们与节目之间的情感联系。这种情感投入是提高观众黏性的关键因素，因为它促使观众成为节目的长期追随者。在媒体竞争日趋激烈的背景下，拥有高忠诚度的观众群体对于提升电视新闻节目的持续吸引力和市场竞争力至关重要。此外，忠诚观众的正面口碑效应能够吸引新观众，进一步扩大节目的受众基础。

2. 内容生态的多元化

在互动过程中，观众的反馈和评论可以为新闻制作团队提供宝贵的第一手信息，这些信息有助于对节目内容进行不断优化和深化。观众的多元观点能够丰富新闻报道的层次，使报道更加全面和立体。此外，观众互动还能够激发新的报道思路和创意，为节目制作带来创新的灵感。在这种双向交流的模式下，电视新闻节目能够构建起一个包含多方声音的内容生态系统，扩大节目的深度和广度。

3. 品牌影响力的扩展

在数字化时代，观众的互动行为，如在社交媒体上的分享和讨论，可以迅速提升节目的网络可见度和社交媒体活跃度。这种在线互动不仅增加了节目的曝光率，而且有助于建立品牌的公信力和权威性。观众的正面反馈和推荐能够产生强大的口碑效应，这对于提升观众对新闻品牌的信任度和忠诚度至关重要。在竞争激烈的媒体市场中，强大的品牌影响力是电视新闻节目吸引新观众、保持现有观众的关键，同时也是提升广告和赞助吸引力的重要因素。通过有效的观众互动，电视新闻节目能够在数字时代建立起更加坚实的品牌地位。

（三）电视新闻节目数字化重构的策略

1. 内容个性化与定制化服务

内容个性化与定制化服务要求节目制作团队深入分析观众的偏好和行为模式，通过收集观众的年龄、性别、地理位置和兴趣点等数据，利用分析技术为不同观众群体定制新闻内容。例如，年轻观众可能对科技和娱乐新闻更感兴趣，而年长观众可能更关注健康和政策变动。个性化内容不仅包括主题选择，还涉及呈现形式和互动环节的设计，如通过在线投票、实时评论和社交媒体互动，让观众参与到新闻制作和传播过程中，从而提升观众的观看体验和节目的吸引力。

2. 可视化与模块化设计

将复杂的数据和信息转化为图表、信息图和动画，使新闻内容更加直观易懂，可增强观众的理解和记忆。模块化设计允许新闻内容在不同的平台和格式中灵活运用，每个模块作为一个独立单元，集中展示特定主题或故事，观众可以根据自己的兴趣选择观看。这种设计要求跨部门合作，包括新闻编辑、视觉设计师和技术团队的协同工作，确保在不同平台上提供一致的品牌形象和高质量的用户体验。

3. 实时性与互动性强化

通过建立快速响应的新闻采集和发布系统，电视新闻能够及时报道突发事件，满足观众对时效性的需求。实时互动元素，如社交媒体平台上的问答环节和在线投票工具，让观众能够直接参与到新闻节目中表达自己的观点。此外，利用二屏应用提供与电视节目同步的互动内容，如额外的背景信息和相关视频，可以增强观众的参与感和信息体验。同时，设置在线平台或论坛，鼓励观众在节目播出后继续讨论，延长话题的生命周期，增加观众的参与度。

4. 大数据与人工智能的应用

电视新闻节目的数字化重构还应充分利用大数据和人工智能技术优化新闻生产流程。通过分析大量的观众数据，包括观看习惯、反馈和互动行为，新闻制作团队可以更准确地把握观众需求，优化内容推荐算法。人工智能技术，如自然语言处理和机器学习，可以辅助新闻采编工作，提高内容生产的效率和质量。同时，大数据分析还可以帮助节目制作团队预测热点话题和趋势，提前规划报道重点，提升新闻的前瞻性和深度。此外，人工智能在个性化推荐和自动化内容生成方面的应用，能够为观众提供更加丰富和个性化的新闻节目体验。

（四）电视新闻节目与受众互动的策略

1. 开放评论和反馈渠道

电视新闻节目应通过开放评论和反馈渠道来促进与受众的互动。为此，节目可以在其数字平台上设置易于访问的评论区域，允许观众自由发表意见，并对新闻内容进行反馈。同时，通过电子邮件、短信或专用反馈表格收集观众的意见和建议，为节目制作提供第一手的反馈资料。电视台需定期分析这些反馈，以便更好地了解观众需求，调整节目内容。此外，节目还应鼓励观众参与互动，如在节目播出时提醒观众在社交媒体上发表意见，或通过特定标签参与讨论，从而提高观众的参与度。

2. 社交媒体互动

电视新闻节目应充分利用社交媒体平台进行互动，通过官方账号发布互动性强的帖子，如问题、话题讨论，以及观众意见征集，以促进观众参与。节目可以开展问答活动，邀请观众向主持人或专家提问，利用直播功能进行新闻事件的实时报道或线上访谈，增强节目的互动性和时效性。通过这种方式，节目不仅能够及时回应观众的关切，还能够收集到观众的即时反馈，为新闻内容的持续改进提供依据。

3. 举办在线活动和论坛

电视新闻节目可以通过举办在线活动和论坛来促进受众互动。节目可以定期组织在线讨论会，邀请主持人、记者、专家参与，与观众就热点新闻话题进行深入交流。同时，在官方网站或专用论坛上设立专题板块，鼓励观众发表高质量的评论和见解。此外，利用网络直播功能，举办在线问答或直播访谈活动，邀请观众通过社交媒体提问，嘉宾在直播中回答，提升观众的参与感和节目的互动性。

4. 利用增强现实和虚拟现实技术优化互动体验

电视新闻节目应探索利用增强现实（AR）和虚拟现实（VR）技术来提升受众的互动体验。通过 AR 技术，节目可以为观众提供更具有沉浸感的新闻观看体验。如通过智能手机或平板电脑观看新闻时，观众可以通过 AR 应用看到更加丰富的视觉内容，包括三维数据可视化或新闻现场的虚拟重现。VR 技术则可以创建完全沉浸式的新闻场景，让观众仿佛身临其境，体验新闻事件的发生过程。这些技术的应用不仅能够提升新闻内容的吸引力，还能够增强观众的参与度和忠诚度，为电视新闻节目的数字化转型提供新的动力。

第三节 媒介融合与广播新闻理念革新

在媒介融合的影响下，我国传媒技术发生了巨大改变，这种改变主要体现在以下几方面传播方式的改变、传播内容的取代和增益效果的全覆盖。从这里也可以看出，媒介融合的发展已经十分深入。站在现有发展角度来说，我国广播媒介领域在媒介融合下所展示出来的效果并不明显，这与广播新闻自身的特点密不可分。

一、媒介融合背景下广播新闻应用新媒体的难点

（一）新闻习惯的改变与传统新闻理念之间存在矛盾

微博、微信等社交媒体平台的兴起，使新闻信息的获取变得更加即时和便捷，但这种快速传播的新闻往往以牺牲深度和细节为代价，导致新闻的核心价值降低。传统新闻理念强调准确性、深度和客观性，而新媒体环境下，新闻更多地被视为快速消费品，这与传统新闻理念之间存在显著的矛盾。广播新闻作为传统媒体的一部分，需要在保持新闻质量的同时，适应这种快速变化的新闻消费趋势，这要求广播新闻节目在内容制作和传播策略上进行创新，以吸引和维持公众的兴趣。

（二）信息传播提速与传统媒体运作模式之间的矛盾

新媒体技术的快速发展极大地提高了新闻的产生和传播速度，这对传统广播新闻的运作模式提出了新的挑战。新媒体环境下，新闻的实时性和互动性成为受众的新期待，而传统广播新闻的制作和播出流程往往较为固定和缓慢，难以满足即时传播的需求。此外，新媒体的互动性和个性化服务也对传统广播新闻的单向传播模式构成了挑战。为了适应这一变化，广播新闻需要更新其运作模式，利用数字技术和网络平台提高新闻的发布速度，同时增加与受众的互动，提供更加个性化的新闻服务，以更好地满足公众的需求。

二、媒介融合背景下广播电视新闻记者的转型与创新

（一）媒介融合背景下广播电视新闻记者转型与创新的意义

1. 有利于提升职业素养，为广播电视媒体发展提供人才支持

在媒介融合的大背景下，广播电视新闻记者的转型与创新对于提升其职业素养至关重要。记者们通过积极适应新媒体环境，不仅能够增强自身的信息策划与创新能力，还能够加强与受众的沟通交流，进而更好地满足受众对新闻信息的需求。这种能力的提升，对于广播电视媒体

而言，意味着能够拥有一支能快速响应市场变化、高效制作内容并能够进行有效传播的新闻团队，从而为媒体的长期发展提供坚实的人才支持。

2. 有利于满足发展新需求，提高市场竞争力

媒介融合时代的来临对广播电视新闻记者提出了新的要求，记者们需要转变传统的新闻采编思维，采用创新的采访方式和报道手法，才能适应信息传播的新趋势。通过这种转型与创新，记者们能够更准确地把握市场脉搏，提供更高质量的新闻内容，满足公众对新闻深度和广度的需求。这样的创新实践不仅能够解决新闻行业中存在的一些问题，还能够显著提升广播电视媒体在市场中的竞争力，确保媒体在激烈的市场竞争中保持领先地位。

（二）媒介融合背景下广播电视新闻记者转型与创新的必然性

1. 媒体格局重构下的角色转变

在大数据、人工智能、5G技术等新兴科技的推动下，媒体格局正在经历前所未有的重构。网络平台和自媒体的兴起，以及数字杂志、短视频等新媒体形式的流行，不仅改变了信息传播的路径，也对广播电视新闻记者的工作提出了新的要求。记者们需要适应这一变化，通过转型与创新来提升自身的专业技能和报道手法，以适应多样化的新闻生产和传播需求。这要求广播电视媒体记者不仅要保持对新闻价值的敏锐洞察，还要掌握新媒体技术，制作出符合现代受众口味的个性化新闻产品，从而提高新闻报道的吸引力和影响力。

2. 信息获取方式变革中的职能创新

媒介融合的进程中，受众的信息获取方式发生了根本性的变化，这种变化促使广播电视新闻记者必须进行职能上的转型与创新。随着自媒体的蓬勃发展，受众对信息的获取变得更加主动和多元，对新闻内容的个性化和互动性需求日益强烈。特别是当今的年轻一代，他们对新闻内容的新鲜性、趣味性和参与性有着更高的期待。因此，广播电视新闻记者在新闻生产过程中需要更多地考虑这些新兴受众群体的需求与喜好，创新报道形式，加强与受众的互动交流，以吸引和维系这一日益重要的受众群体。通过这样的转型与创新，广播电视新闻记者能够更好地适应媒介融合的趋势，提升自身的市场竞争力，为广播电视媒体的长远发展贡献力量。

（三）媒介融合背景下广播电视新闻记者面临的挑战

1. 职业素养稍显落后，无法满足新时代发展需求

在媒介融合的背景下，广播电视新闻记者的职业素养与行业发展需求之间出现了明显的差距。许多记者仍然依赖传统的新闻采编方式，未能及时掌握数字化传播的最新技术，缺乏对新兴媒体技术的充分理解。比如，在社交媒体和自媒体平台上的新闻传播技巧、数据挖掘和分析能力等方面，很多记者的技能尚未达到行业要求。这导致他们在内容生产过程中难以准确捕捉

网络舆论的热点和趋势，无法与时代同步。与此同时，在快速变化的传媒环境中，他们在内容策划、数据应用以及跨平台传播策略等综合素养方面的欠缺，使其难以适应多样化的新闻业务需求，无法满足受众日益增长的个性化信息需求。

2. 缺乏足够的创新能力，对新闻传播变化适应性较弱

在新闻生产过程中，广播电视新闻记者的创新能力的欠缺，限制了他们适应新传播规律的能力。传统的新闻报道模式已经无法满足如今受众对互动性、即时性、深度性等多样化需求。然而，许多记者依旧沿用传统的采访、写作、编辑模式，对短视频、直播、数据新闻等新型内容形式掌握不足。由于缺乏对数字化传播规律的深入理解，他们难以充分运用多媒体、多渠道的创新手段来呈现新闻内容。此外，很多记者仍然对受众的兴趣和喜好变化了解不足，未能主动调整报道策略，导致其新闻内容与传播效果脱节。这样的创新能力短板使记者难以精准把握内容传播的脉搏，在新媒体环境下将逐渐失去竞争优势。

3. 内容缺乏创新性，无法捕捉数据传播下的新标准

在数据传播时代，广播电视新闻记者的内容生产明显缺乏创新性，不符合新传播环境下的标准。现如今，受众对新闻内容的要求不再局限于信息的准确性和及时性，更追求个性化、故事性和数据化。然而，许多记者仍拘泥于传统的线性叙事结构，忽略了多维度数据呈现、互动性叙事以及视听化表达的发展趋势。尤其是在短视频、直播以及数据新闻等新型新闻形式的制作上，许多记者无法将其内容进行独特包装和多样呈现，导致报道缺乏吸引力。此外，对数据的敏感度不够高，无法通过数据挖掘发现热点问题、引导社会舆论，进而失去受众的关注。这种内容创新能力的缺失，使广播电视新闻记者在融合媒体环境中难以与自媒体、短视频平台的内容创作者竞争。

4. 媒体融合意识有待提高，难以适应新闻业务的多样化需求

在媒体融合的浪潮中，广播电视新闻记者的媒体融合意识普遍不足，导致他们难以满足多样化的新闻业务需求。很多记者依然坚持传统的广播电视媒体定位，对多媒体融合的重要性认识不足。缺乏系统的融合思维和跨平台传播意识，导致他们在策划和制作新闻内容时，无法灵活运用多种媒介形态和传播方式，难以实现内容的广泛传播和多渠道覆盖。比如，许多记者在新闻报道中忽略了社交媒体的传播潜力，没有利用微博、微信、短视频等平台与受众互动，错失了提升内容影响力的机会。此外，跨领域合作的意识不足，导致记者难以整合资源，将新闻业务拓展到数据新闻、品牌宣传、舆情分析等更广泛的领域，无法满足当下多样化的新闻业务需求。

（四）媒介融合背景下广播电视新闻记者转型与创新的策略

1. 转变思想理念，提高自身职业素养

广播电视新闻记者应首先突破传统观念的束缚，积极更新自身的思想理念，从而适应媒介融合时代的新要求。要对新媒体技术与数字化传播方式的前沿动态保持敏感度，主动了解社交媒体、短视频、直播等新兴传播工具，并掌握其独特的传播规律与操作方法。与此同时，还需不断提高数据分析能力，以便在新闻报道中有效运用数据挖掘和舆情监测等手段，深入了解受众的兴趣和需求。只有通过建立跨学科的知识体系，全面提升新闻采访、策划、编辑和传播的综合能力，记者才能更好地适应多元化的媒体环境。主动参与专业培训、研讨会以及跨部门合作，有助于记者拓展职业视野，提高自身职业素养。

2. 坚持内容为王，恪尽职守

在快速变化的媒体环境中，广播电视新闻记者要始终坚守"内容为王"的理念，严守新闻职业操守，提供高质量的新闻报道。记者应当深入发掘新闻故事，将信息以丰富多样的形式传播给受众，确保内容的真实、准确和及时。尤其需要结合不同平台的特性，设计适合其传播特点的内容形式，使新闻报道既具有深度和广度，又能够满足新媒体平台对互动性和娱乐性的要求。通过运用图表、数据和多媒体元素，记者能够使信息更具视觉吸引力和说服力。此外，坚持恪尽职守还要求记者尊重新闻职业伦理，拒绝虚假报道与不实信息，保持客观公正的立场，提供可信赖的新闻信息。

3. 提升创新能力，加强创新意识

面对新媒体环境中的挑战，广播电视新闻记者必须积极培养创新能力，不断提升自身的创新意识。记者应大胆尝试新的新闻形式和叙事风格，比如运用短视频、数据可视化、虚拟现实等手段，使报道呈现形式更具多样性和创新性。参与跨部门合作和跨学科交流，有助于拓展记者的思维方式，启发其在新闻报道策划、制作和传播中引入更多创意。此外，记者需要不断学习新技术，掌握社交媒体数据分析和洞察等技能，以便精准定位目标受众，策划出更具针对性的新闻内容。通过系统化培训和自我学习，记者可以在新技术和新观念的驱动下，强化创新意识，提升综合能力。

4. 走品牌化道路，做媒体复合型人才

为了在媒介融合环境下实现可持续发展，广播电视新闻记者应树立品牌意识，致力于打造独特的职业品牌。在不同媒体平台保持稳定和鲜明的风格，记者可以积累忠实的受众基础，形成个人品牌效应。同时，记者还应不断拓展专业领域，尝试将新闻报道与舆情分析、品牌传播、营销推广等相结合，发挥自身的综合优势，成为具备多项技能的媒体复合型人才。通过参与新技术培训、行业论坛、实地调研等多种方式，记者能够不断更新知识结构，强化多元化技能。

品牌化道路不仅能够帮助记者在竞争激烈的媒体市场中脱颖而出，还能使其在行业内具备更高的影响力和话语权，推动其职业生涯的长远发展。

三、媒介融合背景下电视新闻报道的创新与发展

（一）电视新闻报道节目的创新

1. 内容创新

在信息化社会中，人们有更多的方式来获取信息。不过，在海量的信息面前，观众还是要对信息进行筛选。在这种情况下，为了实现广播电视节目的创新，必须在内容上有所选择。在此过程中，我们也要重视传统新闻的改革，并在此基础上进一步提高新闻节目内容的质量。

创新既是国家不断进步的精神源泉，也是推动我国电视新闻事业不断向前发展的原动力。电视新闻节目在内容上的创新，首先要在"有血有肉"的基础上，摒弃"低俗""空洞""无趣"的现象，树立"内容为王"的创作理念。其次，要把握好"度"，避免过于"娱乐性"，毕竟新闻节目的优势在于及时、实用。三是坚持新闻的真实性。电视新闻的内容创新，是从一个全新的视角来呈现和发掘新闻价值，因此，新闻内容不能杜撰，现象也不能无中生有，要以实际情况为依据，切勿人云亦云。可以说，在一定意义上，电视新闻在一定程度上对社会风气的塑造发挥了重要的影响。要实现电视新闻的内容创新，就必须尊重电视新闻的真实性。传统的电视新闻在本质上也有它的优势，在此基础上，我们要不断地调整、优化电视新闻的内容。总而言之，在媒体融合的大环境下，只有做好广播和电视新闻的内容创新，才能提高广播电视新闻的质量。

2. 形式创新

在媒介融合的背景下，人们的信息传播途径越来越多样化。为此，我们也要不断创新，不断提高节目的灵活性，有针对性地推出更具吸引力的新的电视新闻节目，以满足观众多样化的需要。

对于传统的电视新闻节目而言，其版面过于单一、观念过于保守，没有特色、没有新意。尤其是在电视上，所报道的内容大部分都是老生常谈的新闻，观念陈旧，百姓逐渐看腻了。为此，我们应加大对电视节目的创新力度，转变传统的节目形式，提高节目的活力。以电视新闻为例，受众通过微信、微博等方式对新闻进行反馈，这些方式中最具代表性的有微信抽奖、官方微博等。这样不仅能够激发听众的参与热情，让人有耳目一新的感觉，还可以通过多种沟通方式，对受众的需要进行及时的了解，并以此作为节目的创作基础。例如，在实现与网上新闻同步的同时，也可以开设一个特别的专栏，通过互联网的方式来搜集民意，将其整合到普通的新闻节目之中，从而提高新闻节目的可观赏性。在这一背景下，电视新闻栏目要敢于打破传统栏目模式的局限，抓住传媒融合的中心，进行栏目形态的创新。总之，要使电视新闻节目在形

式上获得新生，就必须使其焕发出新的生命与活力，从而推动其创新与发展。

3. 推广方式创新

在媒介融合的年代，新的电视节目不断涌现。要想从众多的新闻栏目中脱颖而出，就必须在形式与内容上有所创新，还需要在宣传手段上进行更多的创新，采取新的宣传手段，打造新闻品牌。

充分利用报刊、网络等传播平台，拓宽电视新闻传播的覆盖面，同时，利用微博、微信等媒介，加大对新闻热点的宣传力度。此外，车载电台、车载电视等还可作为电视新闻的宣传渠道。在信息化的今天，运用多维、多角度的宣传渠道，对打造栏目品牌和提高栏目的知名度起着十分重要的作用。而且，在媒体融合的情况下，在把握时机，构建全新的传播模式，使电视新闻走进大众的生活。

（二）媒介融合背景下广播新闻报道的创新路径

在媒体融合的大背景下，广播电视媒体尽管面临巨大的发展压力，但同时面临着巨大的发展机遇。为了提高新闻节目的质量，为新闻节目的内容提供全面保障，加强对广播电视媒体的科学评估，有必要准确、全面地了解媒体融合的趋势，运用科学有效的创新方法，更好地促进广播电视新闻节目的长期可持续发展。

1. 积极引入技术手段，保障新闻节目质量

为了在媒体融合的框架内促进新闻节目的创新发展，广播电视媒体必须采取一系列措施，加大各方面的投资，积极采用先进的技术手段，不断提高新闻节目的创意影响力。与此同时，广播和电视媒体必须确保节目的质量。可以说，广播电视媒体的生存和发展需要高质量的内容。电视媒体应充分、科学地适应媒体融合的趋势，广泛使用信息工具，更好地压缩电视新闻内容，以提高电视新闻的整体质量。例如，大数据技术、电视新闻和其他媒体都可以对数据新闻做出强有力的贡献。与这些明确的报告相比，公众对这些信息更感兴趣。央视曾推出"数据新闻"，用大量的数据和图表为新闻增添趣味性。另一方面，创新电视新闻，提高节目评价，确保新闻节目的整体质量。

在媒体整合过程中，电视新闻报道要求节目制作人员了解技术是外部的，内容才是王道。新媒体技术的广泛发展导致公众收到了很多错误信息。与网络媒体相比，广播和电视媒体更具公信力和权威性。因此，广播电视媒体应根据自身发展特点和公众利益，充分保证新闻节目的质量，灵活使用不同的节目格式，避免新闻内容肤浅、娱乐化。可以说，高质量的内容仍然是广播电视新闻节目生存和发展的关键。因此，广播和电视新闻节目的制作和编辑，在充分利用新媒体技术的同时，必须首先确保新闻节目的内容质量。只有以质量为基础，以技术为杠杆，以各种媒体为传播媒介和平台，才能提高广播电视新闻节目的整体质量，有效提升其核心竞争力。

2. 发挥深度优势，加强同受众交互

在媒体融合的背景下，要提高发展效率，不断提高竞争力，就必须充分依靠自己的特点，做好深度报道工作：传统广播电视采用深度报道，积极利用新媒体技术，全面收集和整合相关信息，深入细致地解读信息，消除内容同质化。当然，在生产新闻节目时，选取的新闻素材要分类对待，要注意新闻类节目的深度，要充分结合自身特点，确保质量，唯有如此，才能提高观众的认可度。与此同时，电视新闻报道也要充分利用新媒体技术，创造出高品质的新闻栏目。长期以来，广播电视新闻的节目编排、编辑和发行一直处于相对封闭状态，这无助于其发展和创新。为了提高媒体质量，优化媒介核心竞争力，有必要以新媒体技术为基础，在广播电视新闻节目的编辑和播出过程中实现广泛的公众参与。

3. 培育复合型人才，创新节目播出方式

在现代媒体融合模式下，电视传媒要加大创新和发展力度，注重培养复合型创新人才，提高传媒从业人员的综合素质，加大力度培养更多优秀的媒介从业人员。例如，关于新闻节目制作，媒介从业人员需要明确新闻节目的制作流程和方式。同时，在新闻节目制作过程中，电视媒体要全方位创新节目播出方式，可借助网络视频，丰富节目内容。

第四节　门户网站在人工智能时代的生产理念转型

在人工智能不断催生出新的新闻内容及产品形态的当下，再回过头来探讨门户新闻网站的生产模式，似乎有点不合时宜。一方面，从全世界范围来看，传统新闻网站的衰落是一个不争的事实，而且这种衰落体现在内容多样性、商业收益、舆论影响力等多个方面。另一方面，即使在传统新闻网站内部，生产方式和功能设计的分化也在不断发生，介于用户内容生产（UGC）和专业内容生产（PGC）之间的新闻博客网站渐渐占据更加主流的地位，而与更加古老的单向传播媒体，尤其是与报纸的传播模式十分接近的第一代门户新闻网站则几乎被划入了"传统媒体"之列，不再是案例研究和学理考察的对象，甚至成为网络新闻史撰写者考古式研究对象。

这种多少带有技术达尔文主义色彩的思考方式，显然是有着严重问题的。之所以这样说，主要基于三方面的考虑。

首先，从20世纪90年代中期起，在人类知识生产与信息流通领域影响力巨大的数字乌托邦主义，实际上是在第一代新闻网站的成功实践中变为现实的。无论新闻从业者还是新闻受众，其数字化身份和数字时代的共同记忆，是在门户网站的新闻实践中形成的。门户网站开启了"虚拟世界主义"的新时代，而这个时代仍然处在深化发展过程中。

其次，正是门户网站及其主流内容生产模式的成熟，在新闻业内明确了新闻受众（用户）参与新闻意义塑造的合法性，为数字新闻业（或网络新闻业）设定了一种全新的文化气质，引导着一种新的新闻文化向纵深发展。一个很有代表性的现象是，在关于门户新闻网站内容生产实践的研究中，有很多是针对用户评论行为和观念表达的，而且这一议题已经成为数字新闻研究的一个新传统，在近年来甚至促进了一些经典传播理论，如"沉默的螺旋"理论的新发展。

最后，即使是在媒介融合日益深化、智能科技不断塑造新闻生产实践的当下，以基于专业判断的编排为外在形式的传统新闻网站不但始终未曾被新闻行业抛弃，反而在某些特定的语境下，成为新闻的专业主义精神在互联网时代的继承者，代表着新闻业在"变动"中的"不变"。

总而言之，在我们对影响新闻业发展路径、不断塑造新闻专业主义文化的传播技术进行考察时，仅将注意力集中在"传统"和"前沿"两极，而忽视处于"新"与"旧"的交合地带的门户新闻网站，是有失偏颇的，因为这样做有可能让我们下意识地形成一种不言自明的技术进化论观念，将文化的绵延不绝和有机转承理解为一个断裂式的跳跃过程，从而在进行数字时代的新闻理论建构时，脱离新闻业文化传统的根基，陷入为"新"而"新"的逻辑谬误。也正是出于这个原因，这里将传统新闻网站归入包括报纸、电视和广播的传统媒体阵营，期望通过一项深入的质化研究，探讨其一线从业者在日常新闻生产实践中，如何去调和传统的专业理念与新的技术环境，尤其是与人工智能主导的技术环境之间的关系，进而从文化而非技术的路径上，加深对于数字新闻行业生态更加准确的理解。

一、新闻网站的技术—文化偏向

（一）超链接与新闻意义的公共参与

新闻网站通过超链接技术，为用户深入探索新闻事件提供了丰富的路径。这种技术特性使用户可以通过连续点击，从一个新闻故事跳转到另一个相关的故事或信息资源，形成一个连续的阐释链。在这个过程中，用户对新闻的理解和解释变得高度语境化，他们对新闻意义的判断是基于全球范围内的相关信息资源构建的。超链接的无限可能性促进了参与式文化的兴起，让公众更容易融入专业话语生态中，增强了人们对社会联结的意识，从而推动了新闻意义的公共参与。

（二）即时性对新闻生产理念的重塑

新闻网站的即时性技术特征，彻底改变了新闻业对时效性的追求。与传统媒体相比，新闻网站不受印刷和播出时间的限制，能够实现新闻的即时发布。这种即时性已成为互联网新闻业的基本规律，对新闻从业者的专业理念产生了深远影响。在这种环境下，未能及时报道新闻基础事实的新闻机构可能面临"不称职"的评判。即时性在某种程度上已经超越了传统新闻操作中的"客观""准确""中立"等标准，成为网络新闻从业者的核心追求。

（三）互动性与新闻内容的协商生产

互动性是新闻网站的重要外在形式，尤其在第一代新闻网站中，用户评论功能是其核心产品特性之一。用户评论不仅为新闻内容提供了深度和质量，也成为了新闻网站之间竞争的主要领域。评论功能的普及使新闻生产过程在很大程度上变成了一个协商的过程，新闻受众的角色变得更加复杂，他们既是新闻消费的群体，也是进行创造性文化生产的"同僚"。这种互动性的实践为新闻网站的内容生产带来了新的活力。

（四）技术—文化偏向对新闻行业的深远影响

新闻网站的技术—文化偏向不仅影响了新闻媒体内部的专业主义文化和编辑室文化，也在外部与社会文化发生了广泛而深刻的互动。这种偏向通过引导公共文化的走向和人们对公共事务的理解，参与了特定历史时期主导性文明形态的形成。新闻网站的基本技术特征——超链接、即时性和交互性，构成了网络新闻平台的底层架构，对新闻行业的运作模式和公众的新闻消费习惯产生了长远的影响。

二、门户新闻网站的实践文化

（一）算法正在破坏超链接营造的用户自主性

在门户新闻网站上，推荐算法的普及已经使超链接所提供的用户自主性逐渐瓦解。超链接原本使用户能够自由选择并跳转到他们感兴趣的内容，从而形成了主动探索和个性化阅读的体验。但随着算法的使用，门户网站通过数据分析掌握用户的阅读习惯，并基于此主动推送与其兴趣相关的内容。虽然这样可以提高用户的停留时间和参与度，但也削弱了用户在超链接中发现新信息的机会，让他们更容易被引导至有限的、单向的信息流之中。此外，算法推送的内容往往容易迎合用户的既定兴趣和偏见，进一步限制了他们探索新视角的可能性，削弱了信息获取的广度与多样性，使用户逐渐失去自主选择的机会，难以打破被推荐内容所限定的"信息茧房"。

（二）被人工智能异化的新闻即时性

门户新闻网站为了满足用户对快速获取信息的需求，大量运用人工智能技术来加速新闻的即时性发布。但这种对即时性的极端追求往往异化了新闻的质量与深度，使内容生产在速度上占据主导，而忽视了准确性、全面性和背景分析。许多门户网站使用算法或自动化工具来快速抓取和发布实时新闻，导致内容的高度雷同，缺乏独特见解。在这种情况下，新闻报道往往呈现出"快餐化"的特点，即：仅提供表面信息，没有深入的调查和分析，难以呈现完整的事件背景和社会意义。此外，人工智能算法倾向于根据用户的既有喜好推送特定内容，导致即时新闻的呈现具有单一性和娱乐化倾向，让用户难以获得多元的信息视角。

（三）信息流导致交互性日趋丧失

门户新闻网站上的信息流设计在增强信息传播效率的同时，严重削弱了用户的交互性体验。信息流通过垂直式的滚动界面，将大量信息按重要性或相关性排列，这种排列方式虽然可以让用户快速浏览和获取最新资讯，但也在无形中限制了他们与内容进行深度交互的机会。用户在信息流中不断滚动浏览，被引导着消耗接连不断的内容，但无法主动探索与话题相关的讨论和链接，也难以找到对相关事件进行讨论的社区空间。结果，信息流的设计使用户的浏览行为变得被动，难以直接与作者或其他用户互动，交互性逐渐减弱。这种设计还导致用户很难深入某一话题的不同层面，影响了信息的分享与再传播，使门户新闻网站的互动社区逐渐萎缩。

第三章 媒体技术转变对新闻行业的影响

第一节 数媒传播环境下的新闻生产

一、基于用户关系的新闻生产创新

互联网作为社会的基础设施,改变了媒体与用户的关系。传统媒体与受众的连接关系是线性的连接关系,受众是新闻的接收者、媒介市场的消费者,与媒体的交互和反馈非常少。数媒传播环境下,受众转变为用户,媒体与用户的关系是网络社会网状连接关系的一部分,交互性强,可以测量,用户转变为积极的参与者,是媒介市场的生产消费者。一定意义上说,技术驱动下用户赋权是媒体与用户关系转变的动因,由此激活了卷入用户的新闻生产方式的探索。

(一)用户高度"卷入"的新闻生产

亨利·詹金斯在其关于参与式文化的研究中将数字时代的用户称为生产消费者,"参与文化"一词与被动型媒体观看行为的旧概念相对照。与以前把媒体制作人和消费者当作完全对立的两类角色不同,现在我们可能会把他们看作是按照一套新规则相互作用、相互影响的参与者。

用户共享资源、共创文本情境下,用户生产内容给媒体新闻生产带来双重影响:一方面,新闻媒体受到冲击,如新闻当事人及目击者都可以上传内容,媒体不再是唯一抵达现场的报道者;另一方面,媒体仍是互联网上的重要节点,是舆论放大器,媒体可以利用用户生产内容,加工制作更有力量的作品。一定意义上说,高度卷入的新闻是媒体在线新闻生产最为重视的方式之一,卷入的方式可以归纳为下述几种:

第一,卷入事件报道过程,用户生产内容作为报道的一部分。社交媒体兴起,技术作为中介,释放了用户的表达能力和表达欲望,用户生产内容汇聚于社交媒体平台。新闻事件发生后,当事人往往将社交媒体作为自己的发声渠道,而一些知晓事件者或者在事件发生现场的网友也习惯于发一条微博或上传一个现场视频。从一定意义上来说,用户与新闻记者共享了新闻现场,共享了新闻事实资源,这些传递事实的图文微博或视频将传统媒体时期应由媒体报道的事实即时传播出去,冲击了媒体的独家报道,甚至让一些没在现场的媒体失去了第一现场。短暂的惊呼之后,媒体渐渐习惯于和用户一同报道新闻事件。媒体融合转型之后,媒体设置了"两微一端",面向移动互联网传播新闻,与报纸、电视大屏等传统媒体端不同的是,媒体在社交媒体账号往往主动与用户连接，并借助用户生产的内容完成新闻报道。

比如，一些媒体经核证后会使用用户发布在社交媒体的内容，例如娱乐报道中直接引用某明星发布的微博。再如，在一些新闻事件中，媒体会主动联络用户，征集目击者或线索。用户提供的线索被采纳之后，会激发其参与兴趣，其他用户也往往喜欢这种有亲近感的故事。再有，协商式新闻生产。对一些用户有普遍兴趣的新闻事件或者是一些与用户交互程度高的媒体社交账号，出现了协商式新闻生产模式，在这一模式中用户卷入程度深，与媒体共同完成新闻报道，甚至会影响媒体报道进程。

第二，作为UGC（用户生产内容）的组织者。传统媒体时期的受众是可预测、相对固定的，而新媒体用户属于积极的消费者，通过社交媒体相连，自发地进行内容生产。媒体如何面对用户的变化？提出参与式文化的学者詹金斯小心翼翼地描述了传媒业对用户内容生产的利用，业内人士用"扩展"概念来指代他们通过横跨不同的承载体系来调动内容传播以拓展潜在市场的行为，用"协同"来指代他们通过拥有和控制所有这些表现形式的能力所代表的经济机会。媒体通过协作实现与生产内容的用户共赢。

第三，众包式新闻生产。众包式新闻生产是用户参与新闻生产最为突出的一种表现形式。众包式新闻生产一度被视为媒体转型解困的方式试验和研究，但是，向智能传播迈进的新闻业遭遇的是系统性颠覆，新闻生产研究者和实践者最后也发现，众包式新闻只能作为新闻报道方式之一固着在新的新闻生产范式中。参与新闻生产的人最关心新闻生产，众包式新闻由媒体将任务分包出去，不仅为媒体拓展了可资利用的线索、内容、烦琐的服务，同时也为媒体卷入了用户的热情和品牌忠诚度。

（二）用户评价影响下的议题选择

用户在社交媒体生产的内容除了个人创作以外，往往有感而发，对物品、对事件、对人物做出评价。用户评价在近年来被多个实践领域重视，一些商业公司基于在线评论的用户满意度评价对产品进行评估管理，政府部门则通过关注用户评论以了解民意舆情。数媒传播环境下，用户评价对媒体议题选择影响很大。在数字新闻生产中，用户评价主要表现为用户数据与用户评论。用户数据包括用户阅读时长、点击、播放、点赞、转发等数据，用户评论指用户在社交媒体评论区的留言及个人账号的评论。用户评价对新闻生产的影响主要体现在以下三个方面：

第一，用户评价影响媒体议题选择。UGC（用户生产内容）给媒体带来的较大冲击之一就是用户影响媒体议题设置。唐纳德·肖和麦克斯威尔·麦克姆斯提出议程设置理论，议程设置理论认为大众传播可以通过新闻供给和议题安排有效地影响受众关注哪些事实、意见及事实意见的先后顺序。在网络空间之中，因为用户之间的连接，用户对事件形成互文性的分析评价，感染群体情绪，形成对某一议题的集中关注，对传统媒体的议程设置造成冲击。在新的新闻生产常规中，用户关注的议题已经被纳入新闻生产线索库。

日常新闻生产中，用户评价对媒体议题选择的影响主要体现在两个方面：一是接入媒体的大数据舆情系统。目前各媒体融媒体中心多数配备了热点数据库、舆情数据库等，新闻动态的热点数据主要来源于对互联网社交媒体用户数据的采集，即用户对于各类事件的评价。融媒体指挥中心的选题会依据这些社交媒体热点决策当天的部分选题。二是各内容分发平台的热点新闻榜单。微博、微信、抖音等内容分发平台每天会根据用户点击制作发布热点新闻排行，这个排行榜实质上起到了议题设置作用，例如上了微博热搜的新闻会影响媒体对选题的决策。

第二，用户卷入新闻话题，进而影响媒体舆论的引导方式。在社交媒体平台，用户通过参与平台发布公共话题的场所（如微博超话）、社群或关系推荐等多重方式参与话题讨论，表达情感、分享意见。用户卷入话题之后，往往形成网络舆情。网络舆情改变了媒体的舆论引导方式。传统媒体时期的舆论引导是由媒体引领，发表评论振臂一呼，应和者往往也是其他媒体，受众的声音很难被听到。媒体的舆论引导方式也被迫转向，读者在哪里，受众在哪里，宣传报道的触角就要伸向哪里，宣传思想工作的着力点和落脚点就要放在哪里。在众声喧哗中，媒体转而采取策略在纷纷扰扰的用户意见流中引导舆论。媒体实时发表评论，媒体的评论策划也根据用户评论随时做出反应。

第三，用户对媒体议题做出评价和反馈。来自受众的评价在传统媒体时期就已被作为新闻生产的依据。报纸、广播、电视往往需要第三方调查公司获得受众调查数据，新闻编辑部根据受众调查数据对新闻生产策略做出调整。数媒传播环境下，用户数据化，媒体会实时根据用户数据做出新闻生产策略的调整。日常生产中，用户对媒体议题的评价和反馈经常出现在两种情形下：一是编辑部的用户数据库会记录、留存用户新闻消费行为的数据，并根据用户偏好编制用户画像；二是进化的积极的用户会在社交媒体上评价，一些关于媒体报道质量的评价形成舆情，倒逼媒体根据用户意见做出修正。

（三）用户翻转叙事框架内嵌

专业化的新闻生产门槛逐步被技术带来的赋权力量冲击和消解，越来越多的传播主体和技术客体侵入新闻行业。边界的突破也带来了新的观察视角：如何看待新闻业和入侵者的关系，如何看待两者之间的冲突和接纳。

如果换个视角来看用户生产内容，即从媒体新闻生产的角度看待用户生产内容，就会产生一些新的研究问题：用户生产的内容，例如普通人居家做饭的短视频、"今日头条"上种菜类的视频，在传统媒体端口存在吗？为什么这些用户喜欢看的内容在传统媒体端口没有呢？对这个问题的阐释可以回溯到媒体的新闻常规。新闻常规是媒介工作者在工作时采用的一套模式、惯例。新闻把关一般被视为编辑部最重要的工作，编辑依据编辑部的新闻价值观对新闻信息进行筛选过滤。对日常生活的记录是用户创作内容的最普遍形态，因为新闻价值不足，用户生产的内容在容量有限的传统媒体的新闻常规中属于被筛选掉的内容。但是，当互联网空间能容纳海量内容之后，用户不再仅仅作为新闻报道的客体，而是翻转过来成为主动的叙事者，他们上传的内容补充了传统媒体把关模式下筛选掉的日常生活叙事，弥补了新闻报道中"近城远乡"

的缺憾，也兑现了草根阶层的媒体近用权。随着移动直播平台、短视频平台、vlog平台迅速走红，以往作为新闻报道活动客体的用户翻转叙事。翻转叙事是指叙事者和被叙事者角色颠倒的叙事，对其考察实则嵌入了多元内容生产行动者之间的互动关系。一定意义上说，新闻业危机不仅是渠道失利、商业模式坍塌，也来源于公众对竞争性叙事框架的拥趸。

用户对非专业性叙事框架的接纳，事实上是个渐进的过程。进入社交媒体时代，UGC（用户生产内容）大量涌现，用户对内容质量的宽容度就冲击了职业媒体生产者的防守，例如用户上传的视频摇摇晃晃、画面不清晰，但是由于很多来自现场，用户无障碍地接纳，初期曾令习惯于高清视频、不断升级画面清晰度的电视台感到吃惊和排斥。

一定意义上说，来自用户群体的非专业性叙事框架对媒体叙事常规造成了一定的竞争压力。但是总体来看，存在互补性。在这一背景下，媒体采取的因应之策是接纳和嵌入职业媒体的专业性叙事框架之中，即将用户翻转叙事的风格和传播框架内嵌入媒体报道常规，媒体开始在其一部分报道中尝试使用用户生产内容的风格和框架。

（四）用户部落化情境下的跨平台文本丛

马歇尔·麦克卢汉在《媒介即讯息》一书中，用"部落化""脱离部落化"和"重新部落化"来比喻人类社会从早期的口头传播时代、印刷媒介时代到电子媒介时代的发展。今天的用户处于多元部落化情境，移动互联网时代，人类社会重归部落化。社交媒体平台为用户"部落化"提供了空间，个性化推荐算法的"信息茧房"效应也带来了人际交往的怠惰与趣缘化，网民们更愿意依赖"部落化小圈子"获得资讯，分享观点，形成情感共振。而不同的社交媒体平台、不同的社群，使用户处于多元多层次的部落之中。在上述背景下，媒体针对新媒体用户部落栖息的特征采取了下述策略：新闻一次性采集，多终端、多渠道发布。由于针对不同终端有标题、文本风格的调整，一件新闻作品，最后往往形成了文本丛；针对不同群体，一个传统媒体的所有文本也会切割成不同的文本丛。

（五）联结的"在场"：新闻报道形态创变

数媒传播环境下，用户全天候"在场"，随时随地围观，永不下线，并且用户与用户之间交往、协作、产生情感共振……一定意义上说，用户在线的状态是一种联结的永远在场。作为一种嵌入社会的媒介化技术，手机作为移动终端曾带给媒体很多烦恼，传统媒体渠道失灵就是从手机成为超级终端开始的。如何适应新的移动终端以及新的用户新闻消费特征？媒体如何以新用户为中心叙事迁移？对此，媒体做了很多探索，一些新的探索性的报道形态得以涌现。

1. 基于"在场"特性的报道形态

移动直播的兴起曾引起学界业界广泛的讨论，用户聚集于各类移动直播平台，创造了很多移动直播播放量奇迹。在传统的电视直播里，除非是事件中特别重要的主角，其他参与者通常都只会作为背景出现。他们虽然在场，却没有留下在场的痕迹。移动直播技术实际上满足了普通人"在场"的欲望,普通人开始更强调"我在现场""我是主角"。移动直播越来越为用户接受之后,媒体报道也探索移动直播形式,央视移动新闻网主打产品即移动直播,在春运直播、星空直播节目中均表现不俗。

2. 基于 24 小时在线的报道形态探索

实时性报道是媒体进入移动互联时代以来的重大变革。为实现移动优先,媒体编辑部再造了采编流程,并探索了一整套可以实时报道新闻的报道形态,如新闻 APP 推送、微博快讯、微信快讯、15 秒短视频等。整体来看,创新型的新闻文体向"融合"和"杂糅"变化,视频呈现越来越主流化。

3. 基于用户联结互动的报道形态探索

用户与用户之间形成了多重互动关系,使交流与分享成为常态。一定意义上说,促进用户的交流与分享,就是促进新闻的传播。因而一些媒体提出内容产品化,尝试对互动型文本的探索,例如互动视频、H5、新闻游戏等。这些作品与网友轻松、戏谑、互动的网络连接状态吻合。

当然,上述报道形态的创新只是举要,新闻报道形态创变的推动力除了用户更迭以外,还有很多其他因素,例如数据新闻的出现始于信息公开化及数据挖掘、数据可视化技术的出现。

二、基于平台关系的新闻生产创新

社交平台和技术公司向新闻业领域的进军意味着平台新闻业的崛起,它在便利了新闻用户消费新闻的同时,却对新闻机构造成了巨大影响,旧有的传播权力格局正在发生重大变化。对旧有的新闻业传播权力格局冲击最大的是平台。平台与新闻生产机构的关系重构了新闻生产。

这里主要讨论基于媒体与平台关系的新闻生产创新。首先要从媒体的角度透视一下媒体与平台的关系。在以平台新闻业为特征的新的新闻业生态系统,新闻生产与新闻分发分离,采纳智能推荐算法的内容分发平台成为新闻业的基础设施。媒体成为跨终端分发的内容生产集团。作为内容生产行动者,实力雄厚的新型主流媒体集团既是内容分发平台,也面向商业性的内容分发平台生产和传播,例如新华社客户端和人民日报客户端都是聚合了不同内容生产者内容,采纳主流媒体算法的内容分发平台,同时也在今日头条、微博、微信等内容分发平台建立账号跨平台分发新闻。其他没有建成内容分发平台的媒体机构则主要是利用"两微一端"等面向移动互联网生产与传播。在这一格局下,我们讨论的媒体与平台的关系主要是指媒体作为获取信息的主要渠道的内容分发平台与媒体作为内容生产者的账号的关系。媒体与平台之间的关系既有对抗又有合作共赢。

基于平台关系的新闻生产有如下创新:

(一)算法驱动的新闻生产

基于平台关系的新闻生产已经转变为算法驱动下的新闻生产。算法,作为人工智能的底层逻辑,通过对海量数据的挖掘分析、找寻并建立复杂要素间的关系,遵循"海量内容—用户需求—多维场景"的基础逻辑,为用户构建更加贴合、沉浸的场景。从数据智能到满足特定用户需求,如何能在无缝融合之后,创造崭新的用户体验,这是算法的终极任务,也是其本质所在。目前我们处于智能传播的初级阶段,人工智能技术将在重构的新闻业生态系统赋能。随着5G、物联网技术继续发展,内容网络、人际网络和物联网络三者将相互连接并且融合。作为人工智能新闻业的底层逻辑,算法也在不断优化。算法驱动下的新闻生产逻辑完全重构,数媒传播环境下的新闻生产最终将呈现出颠覆性的新图景。

现阶段,算法驱动的新闻生产呈现出如下几个特征:

1. 算法推动内容聚合

算法分发技术更适合于海量内容分发,内容池中有足够的内容能更有效地分发和实现"千人千面"。一定意义上说,算法分发技术是由于互联网内容海量这一需求诞生的技术,但是反过来又促进内容海量。内容分发平台都曾把内容聚合作为最重要的战略。随着媒体融合深化,一部分主流媒体正在转型为平台型媒体,正在聚合价值观相同的内容,例如人民日报社全国党媒平台主要聚合全国范围内主流媒体内容。为满足算法对内容池的数量积累需求,转向平台型媒体的新闻机构也从生产者转为生产者和传播者。新闻业仍在平台化的进程中。

2. 算法分发以数据化的用户评价改变媒体新闻生产常规

算法推荐技术作为内容分发平台的基础设施,改变了新闻传播的逻辑,新闻传播环节的改变反过来影响新闻生产常规的变革。在采纳算法推荐技术的内容分发平台,用户的一切内容消费行为都是数据化的。点击量、播放量、点赞率、转发率、用户评论、转化率等用户数据被内容分发平台或第三方数据公司用于评估内容生产者或内容质量,而广告主则往往依据这些数据决定广告投放。这一背景下,媒体不得不重视用户数据,并因此改变新闻生产习惯。在很多新闻机构的融媒体新闻中心,指挥台前设置的大屏幕,全天候播放新闻效果数据,例如点击量、播放量等,在很多新闻机构的绩效考核中,点击量、全网播放量等数据被作为绩效考核的一个因素。用户数据压力使媒体在新闻生产过程中从选题、标题制作、稿件风格等多个环节做出调适。用户数据是柄双刃剑,一方面,媒体调适新闻生产常规以推进以用户为中心的新闻生产,有益于新闻媒体获得社会效益和经济效益;另一方面,过于重视用户数据带来了内容的娱乐化倾向,也被社会各界诟病。

3. 平台以算法引导媒体新闻生产方向和策略选择

内容分发平台出于经济利益、社会声望等因素的考虑,经常调整算法。而平台算法的调整对内容生产者有很大影响,因为内容生产者在内容生产过程中往往因应算法,探索了一整套内容生产策略。事实上,平台算法对内容生产者的生产方向形成了引导。

算法驱动媒体从注重生产开始转向既重视生产也重视传播。从行业链条上看,新闻机构从早期的新闻生产者和新闻传播者转变成单纯的新闻生产者,平台媒体接管了新闻的传播权力。新闻生产与新闻分发分离是新闻业生态重构之后最主要的特征,也是媒体重新调适生产逻辑的最重要的起点。因为智能分发平台使用户数据透明化并成为广告主等投放广告的依据,媒体也从传统生产方式中单纯重视新闻生产,转为开始重视新闻的传播环节。很多媒体减少了内容编辑岗位,增加了内容运营岗位,甚至一些媒体取消了编辑职位,全部改为内容运营岗位。内容编辑岗位和内容运营岗位的工作内容在选题策划、图文、视频制作等环节上基本接近,不同的是内容运营岗位增加了对内容传播环节的促进和管理,即内容运营需要根据内容在平台根据传播状况调整策略。事实上,如果内容运营要取得良好的效果,会将传播环节前置,即在选题策划、标题制作等环节就开始考虑后期传播效果。在国外媒体岗位设置中,没有"内容运营"这个概念的同义说法,相应工作内容设置的岗位叫"受众拓展编辑""社交媒体编辑"等。对国外学者此类研究做了梳理,国外媒体同样重视内容在社交媒体的传播。

（二）新型把关模式

基于平台的新闻生产对编辑部新闻生产常规冲击最大的是把关机制。在传统媒体编辑部,编辑分很多层级,版面编辑、版面主编、版组主编、主编……不同层级的编辑有不同的权限,事实上这些权限的不同就是不同级别的编辑可以对哪些范围的内容把关。编辑部内部的层层把关机制减少了错误,同时根据编辑部的新闻价值观对新闻做出了突出或弱化处理,是媒体实现议程设置的关键步骤。

社会心理学家勒温提出了"把关人"理论,而后把关研究成为一个热门的研究领域,学者们采用各种方法研究新闻生产的把关机制,以多重维度解释谁在把关,影响编辑部的把关因素等问题。20世纪90年代,帕梅拉·休梅克提出了一个五层次的把关模式,这一模式中个体、新闻常规、组织、社会体制、社会制度等都被列为影响把关的重要因素。然而,在智能传播阶段,算法冲击了传统的把关人理论。帕梅拉·休梅克针对社交媒体时代的把关提出了新的模型,在社会化媒体时代,把关不再是一个直线型流程,而是一个社会化媒体与大众媒体相互作用、信息在多元渠道充分流动、众多传播者交互的一个复杂系统。帕梅拉·休梅克认为社交媒体的超级把关系统其实由人设计的算法和用户共同来把关,由媒体与新闻工作者共同把关,社交媒体超级把关系统和大众媒体把关系统存在着互动关系。

数媒传播环境下,新闻生产常规被突破,新闻生产如何应对新型把关机制?

1. 在新闻生产中尝试从"把关"到"看门"

传统新闻生产重在"把关",新闻从业者对新闻信息进行核实与筛选,并按新闻价值观呈现新闻的顺序和分布。新技术打破这一新闻常规,新闻机构不再用"把关"来"剔除次重要内容",而是用"看门"从海量信息中"强调更重要内容"。这一理论对媒体实践有很多启示:用户生产内容呈现出很多不同于传统媒体把关的议题和框架,在发布空间可以容纳海量内容的情况下，媒体从以往人工把关的精选变为海量内容之中汰劣。

2. 新闻编辑部尝试混合把关制

数媒传播环境下，信息过载，单纯获取新闻资讯已经远远不能满足用户需求，算法相当于一个采用人工智能技术的信息过滤器，根据用户画像筛选对用户有用的信息，个性化和定制化是其特点。算法推荐模式的优势是对用户数据有精准洞察，而劣势是唯点击量论英雄可能会造成新闻娱乐化、低俗化；人工推荐模式的优势对内容质量可以坚持编辑部的新闻价值观标准，但是内容有时并不适合网络用户。很多媒体编辑部综合两者优势，采取了混合把关机制。

（三）突破媒介形态边界

传统媒体按媒介形态进行报道疆土的划分，不同的受众按照自己的兴趣从报纸、广播、电视、杂志获取新闻。在内容分发平台，报纸、广播、电视、杂志等不同媒介形态的媒体设置账号发布新闻，这些媒体变成了同一形态的数字媒体。对于媒体来说，这一状况值得担心。首先，新闻竞争成了跨媒介的新闻竞争。例如，报纸和电视线下不存在竞争关系的媒体在内容分发平台上成为竞争者。其次，在内容分发平台，不同媒介形态的内容也存在竞争关系。换言之，用户获取新闻不是以视频、文字这种媒介形态来划分边界的，例如不论视频还是图文快讯，首发的突发事件消息阅读量最高。这一背景下，媒体如何调适新闻生产？

1. 跨界生产，媒体转变为全媒体内容生产者

从前按照媒体介质划分新闻生产机构在各内容分发平台的账号开始跨界生产。随着媒体融合转型，传统媒体集团尽管仍术业有专攻，保留了原来的生产优势，但是都在尝试转型，报纸、广播、电视等均已转变成能生产图文、视频、H5等多种内容形态的全媒体新闻生产机构。

2. 融合新闻报道常态化生产

由于图文等常规报道在内容分发平台相对常态，在激烈的新闻竞争中，媒体开始尝试在内容表达形态上创新。如何生产适合手机等移动终端的内容？如何让用户在手机端阅听感到丰富且有良好的用户体验？融合了图文、音频、视频、互动技术等多功能一体化的融合新闻报道应运而生，并时时刷屏，爆款不断。跨越介质的融合新闻报道因侧重点不同，实际上又可以划分为很多种类型，如新闻游戏、创意短视频、H5、数据新闻、VR新闻、无人机报道等。这些融合新闻从初期的昙花一现，偶尔露峥嵘，已经逐渐成为常态，在媒体的移动端精品型新闻报道策划时，融合新闻报道替代了传统媒体时期的专版、专题。

三、基于内容生产行动者互动关系的新闻生产创新

新的新闻业生态系统中最令人瞩目的变化是多元内容生产行动者共生，自媒体、政务新媒体、商业机构新媒体等均开始生产内容，并且来自PGC（专业生产内容）的内容质量与传播方式都可圈可点。如何在多元内容生产行动者共生的环境下做新闻，这对于媒体而言是新的挑战。

对于媒体而言，液态的、网状的连接关系形成，当新闻事件发生，不再有稳定固态的媒体与用户、媒体与采访对象的关系。媒体进入了一个流动的状态，用户是媒体新闻报道的消费者，同时也会是新闻报道的目击者、当事人、评论者，采访的机构是媒体的信源，同时也会自行发布内容，是潜在的竞争者。数媒传播环境下，液态的网络连接关系更为复杂，同行的内容生产行动者之中还会有机器内容生产者。

媒体如何基于互动的多元内容生产者之间的关系调适新闻生产常规？

（一）作为策展人的创新实践

当新闻信息被多元内容生产者消解成碎片化的状态，媒体编辑部被迫突破新闻生产常规，跟随网络时间线，将新闻报道打碎成碎片式的报道进程。这一背景下，新闻媒体的优势也被消解。当新闻事件发生，首发消息可能来自用户生产内容，例如目击者上传微博视频；推进事实进展的当事方回应可能来自政务新媒体的权威发布；优质新闻评论可能来自意见领袖。换言之，整个事件中媒体可能一直在陪跑，而没有显著的竞争优势。因此，新闻策展被作为媒体在这一困境中的解困方式。

新闻策展是指"职业新闻人、消息来源、公众等角色在新闻的发布、选择、排序、评价各环节即时互动的协作"。事实上在来自新闻编辑部的新闻策展实践中，这一多重文本构成的集合体，一定意义上是编辑部聚合多元生产者内容的专题策划，其中渗透了编辑部的主题策划框架。媒体在多元内容生产者共生的环境下，采取对不同生产者的叙事框架包容嵌入的方式挑选内容并策展发布。新闻策展方式既满足新闻生产者的专业化色彩，同时也聚合更多信息，媒体称为节点型主体，成为为用户精选新闻的入口。

（二）新闻生产者的再专业化

在多元内容生产者共生的阶段，对于新闻生产机构来说，做出差异化优势的关键是专业化。在熙熙攘攘的碎片化信息之中，各类内容生产者提供的都不是专业化的内容，特别是在新闻生产中，媒体仍有压倒性优势。一些媒体的创新策略是坚持做更专业化的新闻生产者。

专注于新闻生产，提升新闻质量，从新闻生产者转变为新闻供应商。媒体融合以后，一些媒体提出从新闻到内容，新闻编辑部产出的不仅是新闻，还有资讯、影像、智库报告等各类内容。但是也有媒体认为多元内容生产者共生的阶段，新闻生产机构只有在社会公共生活中具有特殊意义的"新闻"领域才具有优势，应专注于新闻生产。例如媒体对于政府机关等权威机构信源的报道方式，原本以发布通稿为主，发布告知性的消息，但是目前政务新媒体发展迅速，已经具备跨平台发布政务信息的能力，这类告知性的消息往往先于媒体被发布。

第二节 数媒传播环境下的新闻编辑

一、从控制到共建的内容获取创新

（一）用户生成内容（UGC）成为内容生产的重要支撑

在数媒传播环境中，UGC 日益成为新闻编辑获取信息的关键来源。UGC 通过社交媒体、自媒体平台等方式汇集了大量来自用户的原创内容，为新闻报道提供了多元、实时的新闻线索和素材。无论是突发事件的现场视频，还是社交媒体上各类热点话题，编辑都能够快速捕捉到受众关注的焦点。用户作为社会事件的直接见证者和信息的第一手发布者，能够提供丰富的现场报道和不同视角的观点，这些内容往往具有独特的新闻价值和时效性。新闻编辑可以利用这些素材，将用户提供的原始内容经过筛选、核实和加工，融入专业新闻报道中，从而大大拓宽了新闻信息的来源，丰富了内容的多样性，也使新闻报道更具现实性和时效性。

（二）专业生产内容（PGC）构成新闻生产的中坚力量

在 UGC 为内容生产提供丰富素材的同时，PGC 依然是新闻编辑获取高质量信息的中坚力量。PGC 通常由新闻机构和独立的专业创作者精心策划、采编和制作，保证了内容的可信度、准确性和深度。专业团队能够深入挖掘和分析新闻事件的背景与影响，产出具有社会意义和深刻见解的报道。通过对信息的全面搜集、核实和解读，PGC 不仅能为受众提供高质量的有深度的新闻，还能引领社会舆论，提升公众对重大事件的认识与理解。此外，PGC 团队通常具备丰富的内容生产经验，能够通过跨平台、多形式的传播方式，灵活应对不同媒介的特性，确保新闻内容在不同传播渠道中保持影响力。新闻编辑在这一过程中可以对专业团队的报道进行整合与优化，使其在媒体融合的环境下更具传播效力。

（三）"PGC+UGC" 共建构成多元领域内容

在数媒传播环境中，PGC 与 UGC 的结合共建了更具多元领域特色的新闻内容。专业生产内容提供了严谨、全面的新闻报道框架，而用户生成内容则丰富了新闻报道的细节与视角，使新闻内容能够呈现更为全面和多层次的社会现象。新闻编辑通过将专业报道的深度调查与用户内容的现场报道、意见反馈相结合，能够产出更具互动性与参与性的新闻报道。这种合作不仅拓宽了新闻内容的广度，还可以针对不同领域的新闻主题，打造特定的内容形式，使受众能够深入了解各个领域的资讯。编辑将这两者有效整合在一起，使新闻报道既保持专业性和权威性，又兼具多样性与开放性，新闻编辑也能够在多元化的新闻传播环境中更好地满足受众的需求。

二、新闻编辑从控制到防守的智能多元审核创新

在审核获取环节，通过调研"一点资讯""今日头条"人民日报客户端——人民号三个新闻聚合平台发现，新闻编辑工作具有一些相似的特点。

（一）审核主体：从单一到多元化

在数媒传播环境下，新闻编辑的审核主体从单一机构扩展到多元化的参与者，包括社交媒体平台、第三方审核组织以及用户自身。传统上，新闻编辑部门是唯一负责审核新闻内容的主体，但随着自媒体和社交平台的兴起，内容审核的主体格局变得多样化。社交媒体平台建立了自有的审核机制，通过社区准则和人工审核等方式确保内容的合规性。同时，一些第三方审核机构也提供内容监控服务，辅助媒体进行内容把关。此外，用户自身也参与到内容的初步筛选中，利用平台提供的举报、评价和反馈功能协助识别问题信息。多元化的审核主体共同构成了一道综合性的信息过滤防线，弥补了单一审核模式下的盲点，为数媒传播环境下的新闻编辑提供了更多维的内容审核途径。

（二）审核重心：由全序控制到后置防守的把关

在新闻编辑的审核过程中，审核重心从传统的全序控制转向后置防守的把关。传统媒体时代，编辑在内容发布前会进行严格的全序审核，从信息采集到最终发布层层把关。然而，在数媒传播环境下，信息量激增且传播速度加快，要求审核流程更加灵活。为应对这种变化，审核重心逐渐从全面预先控制转变为发布后的监测与防守。新闻编辑可以运用算法工具对已发布的信息进行实时监测，识别和过滤可能存在问题的内容，并及时采取相应措施进行纠正或屏蔽。此外，后置防守的把关策略也强调对内容的追踪和溯源能力，以确保问题信息能够及时被纠正，同时总结经验用于后续的内容审核策略优化。

（三）审核方式：从专业单一到人机协同的智能审核

随着新闻内容数量的增长与更加多样性，审核方式从传统的专业单一审查，逐步发展为人机协同的智能审核。传统上，新闻编辑依靠专业知识和经验对内容进行手工审核，但在面对大量社交媒体、UGC和跨平台内容时，这种方式的效率和准确性显得捉襟见肘。智能审核结合人工智能和专业审核的优势，形成了一种人机协同的审核体系。算法可迅速扫描和识别潜在的问题内容，将其交由人工审核员作进一步核实和判断。通过深度学习技术，审核算法也能够不断优化自身模型，提高识别准确率。这种人机结合的智能审核方式在提高审核效率的同时，确保审核结果的准确性和全面性，使新闻编辑能够更好地应对数媒传播环境中的内容审核挑战。

三、从"编辑本位"到"运营为主、编辑为辅"的工作重心创新

传统媒体中新闻编辑的工作任务和重心在总体上包括：组织日常新闻报道、策划报道、布

置采访、处理修改新闻稿件、设计组拼版面等。由此可以看出，在传统媒体中是编辑本位主导新闻生产与加工。

（一）垂直精细运营

通过深入挖掘垂直领域的受众需求，编辑能够设计出更具针对性的内容策略，满足特定人群的阅读偏好。运营团队结合数据分析、受众研究和市场洞察结果，帮助编辑精准定位不同垂直领域的热点话题，并制订内容发布和推广策略。编辑需要根据运营提供的洞察，精细打磨报道的结构与形式，确保内容能够吸引目标受众的注意力。在垂直精细运营的模式下，编辑不仅关注内容本身的质量，还需与运营团队紧密合作，监控内容的传播效果，及时调整报道策略，从而在特定垂直领域建立专业权威性。

（二）重大新闻专题策划

在重大新闻事件发生时，编辑应迅速组建专题策划团队，明确报道方向与核心框架，确保报道具有系统性和层次感。通过整合多种形式的新闻素材，包括文字、图片、音频视频和数据可视化，编辑可以为受众提供全方位、多角度的专题报道。此外，在策划中可融入互动元素，使受众能够参与话题讨论，分享自身观点，增加报道的互动性。重大新闻专题策划还强调与外部资源的合作，通过邀请行业专家解读事件、整合相关领域的内容素材，进一步丰富专题报道的深度与广度，使新闻编辑能够更好地呈现复杂事件的背景和影响。

（三）发挥"二次编辑"的辅助作用

"二次编辑"作为一种重要的辅助工作，在数媒传播环境中愈发重要。面对大量的 UGC 和社交媒体信息，新闻编辑需要筛选、整理、核实这些信息，将其与自家内容整合，形成更具连贯性和深度的报道。编辑通过"二次编辑"对现有报道进行补充与优化，增加事件的背景信息，或引入相关的用户讨论，使报道更具多样性和权威性。此外，"二次编辑"还包括对以往报道的重新组织，以符合新的传播平台与形式的特点，例如，将以往的长篇报道改编为短视频或图解，提升其在新媒体平台上的传播效果。通过灵活运用"二次编辑"的手段，编辑能够有效整合各方资源，将新闻内容打造成具有独特视角的综合报道，为受众呈现更加多元且连贯的新闻信息。

四、新闻的智能精准分发创新

（一）智能精准分发的三要素

新闻的智能精准分发依赖用户数据、内容分类和算法模型三个关键要素。首先，用户数据包括受众的阅读行为、兴趣标签、社交互动等，通过这些数据可以描绘出用户的偏好特征。其次，内容分类要求对大量新闻内容进行准确的主题分类和标注，为个性化推荐奠定基础。最后，算法模型根据用户数据和内容分类，运用机器学习和深度学习技术，实时调整和优化推荐策略，以确保新闻内容与用户兴趣高度匹配。三要素共同构成了智能精准分发的核心，使新闻编辑能够根据受众的需求调整分发策略，提升新闻内容的传播效率和效果。

（二）智能实现用户与内容的个性化匹配

智能分发系统通过多维度的数据分析，精准实现用户与内容的个性化匹配。首先，系统利用用户的浏览记录、搜索行为和交互数据，结合历史阅读偏好和兴趣标签，形成用户画像。其次，基于内容主题、深度和表现形式，系统对新闻内容进行分类和标签化。通过匹配用户画像与内容标签，系统可以针对不同的用户群体，提供最符合其兴趣的新闻内容。智能分发系统在不断学习用户行为的过程中，及时调整推荐策略，使用户能够持续获得与其当前兴趣相关的内容。这样的个性化匹配不仅提高了内容的点击率和阅读率，也增强了用户对新闻平台的忠诚度。

（三）利用社交网络提升分发效果

智能分发系统借助社交网络的互动数据，能够进一步优化新闻内容的分发策略。通过分析用户在社交平台上的分享、点赞和评论行为，系统可以识别出具有较高传播潜力的新闻内容，并向更多的用户推荐。同时，社交网络上的好友关系链也为智能分发提供了新的思路，通过识别用户社交圈中的影响力节点，系统能够精准锁定特定圈层的目标用户，实现"以点带面"的传播策略。社交网络的热点话题与事件分析也为新闻编辑的内容策划提供了重要依据，确保编辑在分发策略中能够及时跟进并回应社交媒体上的最新动向，提高新闻内容的相关性和传播效果。

（四）持续优化算法模型与分发策略

为了在不断变化的媒体环境中保持分发效果，新闻编辑需要持续优化算法模型与分发策略。首先，通过引入更多维度的用户数据，算法模型可以更全面地了解用户的兴趣与需求。其次，分发策略需根据用户反馈和实际传播效果进行调整，对不同类型的内容采用差异化的推荐策略。例如，对热点新闻可采用即时推送的方式，而深度报道则可以通过专题策划的形式呈现。定期评估与更新模型的推荐参数，以消除算法偏见和"信息茧房"的影响，确保新闻内容的多样性与平衡性。持续优化的分发策略将帮助新闻编辑更好地实现内容的精准触达，使智能分发在个性化、及时性和广泛性方面发挥最大作用。

第三节 数媒传播环境下的新闻分发

一、数媒传播环境下的传播载体

新闻信息正在变得无时不在、无处不有、无所不及。新闻传播载体将向两个方向拓展：一是随着媒介向人的感官进化，新闻传播渠道的形态也开始向"人"的感官功能拓展；二是物联网技术应用提速，万物皆媒，各类携带信息的传感器陆续登场，各种"物"也将成为新闻信息的传播载体。从技术发展趋势来看，数媒传播环境下，下述传播载体将获得快速发展。

（一）智能语音

随着自然语言处理技术不断发展，智能语音应用让人类"耳朵"的功能被延伸。语音识别技术的应用由来已久，但一直没有出现很成熟的应用，直到智能音箱被媒体试水。除了智能音箱，智能语音机器人也是常用的载体。

客观地说，目前智能语音在新闻业的应用还处在比较幼稚的水平，主要应用在新闻播报、指令式操作以及简单的交互式语音报道的段落选择等几个层面。目前布局智能语音终端的不止广播电台、电视台、报纸也态度积极。从战略意义来看，传统媒体布局智能语音是为了抢占未来语音交互带来的新用户。然而这一传播载体的真正成熟还需要和物联网、5G的应用融合起来。未来，语音应该是环绕和伴随在我们身边，无处不在，永远在线。

（二）沉浸式传播载体

沉浸式传播是以人为中心、以连接了所有媒介形态的人类大环境为媒介而实现的无时不在、无处不在、无所不能的传播。它所实现的理想传播效果是让人看不到、摸不到、觉不到的超越时空的泛在体验。在被展望的远期智能传播图景中，人类将可进入虚拟沉浸的仿真社会。

沉浸式技术是指混合模拟听觉、视觉、味觉、嗅觉并可以交互的虚拟现实技术，因为模糊了物理世界和虚拟世界之间的界限，可以使人有沉浸感。目前沉浸式技术主要被用于虚拟现实（VR）、增强现实（AR）、混合现实（MR，现实世界可见）类别的报道。目前VR、AR报道在各媒体已经广泛开展。但是由于传播环境及技术的限制，还未进入突破期，只作为融合性新闻报道的类别存在，但是很受欢迎。

（三）以物为媒

万物互联，万物皆媒。一定意义上，"媒介"与"非媒介"界限被淡化。未来的载体很可能是任何我们在使用的物件。与用户紧密联系的物联网技术应用场景是智能家居、智能交通、智能物流、智能城市等。用户将可以在上述应用场景中体验万物皆媒的"泛媒体"传播。人们可以通过物联网，借助身边任何一个智能媒体终端与其他智能设备互动。智能设备的概念可以不断被塑造出新的形态，从平面屏幕到曲面屏幕，再到"无屏"的全息投影设备，从可穿戴设备到嵌入智能家居、智能交通、智能城市等场景中的设备。

二、数媒传播环境下的传播方式

互联网技术颠覆性地改变了新闻的传播渠道。越来越多的用户通过移动互联网获取新闻信息，而用户部落化背景下，用户在网络空间栖息的方式发生变化，加之大数据、人工智能技术等快速进入应用领域，媒体新闻传播的方式也因此发生改变。下述四种传播方式是智能传播阶段的主要传播方式：

（一）智能传播

狭义的智能传播是指千人千面的个人化精准传播成为新闻传播方式的重要突破。随着用户获取信息方式的改变，不同类型的阅读客户端不断涌现，算法推荐正在成为新媒体行业的主要分发方式。

1. 智能分发原理

简单地说，推荐算法是利用用户对信息消费的行为偏好，通过数学算法，推测出用户可能喜欢的信息。行业内普遍使用的信息智能推荐算法有三种类型：

（1）协同过滤推荐算法。协同过滤推荐算法主要的功能是预测和推荐，其原理是给用户推荐与其有相似兴趣的用户喜欢的内容。

（2）基于内容的推荐算法。这一算法根据用户以往信息消费的习惯来推荐。即如果用户浏览过一篇文章，这篇文章的特征会被记录、提取、过滤，并生成模型，然后向用户推荐与此文章特征相似相同的文章。由于音乐、视频等特征难提取，这一算法较多用于文本信息、网页等文字信息的推荐。

（3）关联规则推荐算法。根据用户历史数据统计不同规则出现的关系，挖掘用户数据背后的关联，分析其潜在需求，向用户推荐其可能感兴趣的内容。基于关联规则的推荐是在一个数据集中找出项之间的关系。

多数内容分发平台、社交媒体都采用混合算法，即融合上述多种算法，实现精准推荐。智能分发的基本原理有如下几点：

第一，建立内容池，并对池中内容标签化。内容分发平台通过一系列策略激励创作者上传内容到平台。平台设置有人工智能技术审核和人工复审两道审核关卡，经过平台审核通过的内容即进入内容池。标签是用来描述内容的关键词，内容池中的各种文本打好标签变得容易过滤、提取。内容池中积攒的海量内容预备精确匹配用户。

第二，用户画像。用户画像本质是对用户的准确描述。内容分发平台通过用户阅听行为数据建立描绘用户的标签。用户的消费和生产行为越多，数据记录越多，用户画像越准确。

第三，内容分发平台利用算法进行匹配，将内容池中的内容根据用户画像推送给用户，实现千人千面。影响这一匹配结果的因素有很多：首先是算法设计规则。不同平台采用不同的算法，而算法设计原则不同，最终每个用户看到的内容差别很大。其次，标签分类方式不同也会影响匹配结果。《人民日报》探索的主流媒体算法就尝试用一套不同的标签对内容进行分类，以提高用户对客户端内容品质的体验。

2. 智能传播的优势与挑战

相比以往的传播方式，智能传播方式不是修补，而是一次飞跃。与传统传播阶段、互联网传播阶段的传播方式相比较，智能传播有下述优点：首先，实现了精准传播。人工智能技术助力传播环节，可以将内容精准推送给目标用户，获得精准的传播效果。其次，智能传播阶段，用户权利提升。智能算法根据用户偏好画像，用户对新闻的消费偏好成为推荐的标准，从而实现"你关心的才是头条"。在这一传播过程中，实现了以用户为中心。而在传统传播阶段及互联网传播阶段，都一定程度地以传播者意愿为导向。再次，提高了分发效率。进入平台新闻业，移动内容分发平台聚合了海量的内容。

（二）场景传播

1. 场景概念及场景五力

进入移动互联网时代之后，场景传播成为增强新闻传播力的新举措。

场景化传播是一个基于个人的实时状态而进行的特定的信息或服务匹配。20世纪80年代，传播学者卡罗尔·梅罗维茨从社会学家戈夫曼的"拟剧理论"延展，提出"场景"概念，并研究"媒介场景"对人的行为及心理的影响。移动传播的本质是基于场景的服务，即对场景的感知及信息（服务）的适配。场景成为继内容、形式、社交之后媒体的另一种核心要素。对场景的充分理解，一定意义上既是对实践动态的理论阐释，也可以指导实践。

2. 新闻业的场景传播实践

近年来场景传播在实践中的应用更多在产品设计方面，由于用户市场被再度细分，开发者强调要根据用户使用的场景开发产品，要为用户提供适用于不同场景的服务，提高用户体验，挖掘场景价值。

（三）社群传播

社群是基于传播媒介聚合到一起，进行信息传播、情感交流、文化和价值共享的用户群体。伴随传播技术的变革，用户内容生产、评价、交流……线上权利被释放出来，他们连接、聚合，人类社会得以在虚拟空间再"部落化"，人际传播与群体传播方式回归，虚拟社群成为社会交往的重要平台，也是智能传播阶段重要的传播形式。

社交媒体兴起之后，媒体开始探索利用社群进行传播。深化媒体融合以后，很多地方媒体也开始尝试社群化运营。社群化运营是地方媒体转型的一条重要路径，可以创造商业价值。地方媒体社群化的打造可在观众获取信息的基础上为创新服务提供平台入口，重建内容与用户的连接。

社群传播的优势主要有以下几点：首先，媒体与用户之间形成了高频互动的连接关系。即在社群关系中，媒体可以反复抵达社群用户，并且可以精准了解用户。其次，媒体在社群中可以实现新闻传播与媒体运营一体化，在社群中形成了自组织产销运营一体化的商业模式。用户集参与协作式生产、分享传播、内容消费、购买或接受服务等于一身，媒体提供一条龙服务。最后，可以获得较好的传播效果。社群是以价值认同、情感交流为纽带相联系的群体。情感价值的传播是社群运营的核心。互联网传播集人际传播、组织传播、大众传播于一体，用户习惯于在交往空间获得新闻资讯。社群在内容传播的同时，可以分享意见、交流情感，符合用户获取信息的习惯。

智能传播阶段，媒体的社群传播将以数据化为基础。在社群传播的过往实践中也有一系列负面问题，例如一些社群没有活跃度，没有价值认同；一些社群过度商业化，沦落为"红包群"。上述做法都违背了社群传播的本质。智能传播阶段，社群传播应该基于精准的用户画像，注重用户忠诚度，提供深度服务的传播方式。媒体与社群用户建立精准连接，能够进行深度交互。

（四）互动传播

互动传播，与过去以传播者为本位的单向式传播相对，指传播者通过互联网中介影响用户，用户积极参与对传播者的反馈和交往。媒体对互动传播的探索已有多年。在过往的新闻传播实践中，媒体采取了多重方式的实验。一方面，由于用户在社交分享中所表现出的娱乐性、戏谑性，媒体实验互动型文本，努力让新闻变得有趣，如新闻游戏、互动视频、H5互动作品等。另一方面，媒体研究用户的分享动机，探索如何触动用户提高分享率、点评率，媒体发现用户分享带来的点击数量的长尾效应远高于首次分发。

进入智能传播阶段，人工智能技术更为成熟，媒体互动无疑会有质和量的飞跃。媒体可以为用户提供一对一的内容定制、分发，一对一的播报、服务及反馈，对互动传播规律的探索仍然是未来新闻生产中的热点议题。

三、智能传播阶段的分发策略

对于有着重生产轻传播传统的媒体机构来说，互联网发展至今，新闻分发已经发生了颠覆性的变化。进入智能传播阶段，传播方式、传播载体、传播渠道等仍处于快速变化之中。尽管媒体机构在媒体融合过程中已经进行了深度探索，建立了跨平台传播的分发渠道，但是媒体机构渠道失灵的困境仍未完全解决。下一阶段，媒体应该如何调整分发策略？可以在如下几个方面尝试：

（一）对新闻生产与传播两个环节进行一体化的重新设计

以用户为中心进行新闻传播，需要以用户为中心进行新闻生产。新闻生产所面临的根本性挑战是系统性的，是媒体的生产模式是否能够适应智能传播阶段的用户和传播方式、传播载体。传统的新闻生产正在被分解为服务模式和手工模式。服务模式就是媒体将新闻产品（传统型的报纸和广播电视）转变成服务，并通过多种平台（印刷品、计算机终端、平板电脑、智能手机和其他显示设备）流动。如何将新闻生产转变为新闻服务？如何理解新闻服务的形态？如何帮助这些新闻服务流动？媒体机构显然有很多课题需要破解。新闻的传播环节是直接面向用户的，是新闻生产的"最后一公里"，传播生态的剧变意味着媒体新闻生产的重新设计势在必行。

（二）加速向智能化媒体转型，改进分发环节

《人民日报》、《封面》杂志、澎湃新闻等加强了对人工智能分发技术的探索，例如"AI助手"、建立在大数据和人工智能基础上的个性化推荐等。这些尝试对于提高媒体移动客户端的新闻分发效率非常有价值。特别是媒体价值型算法的研究也会与超级分发平台备受争议的算法形成竞争和博弈，有利于优化互联网内容生态。

（三）建立智能化的传播管理部门

新闻业新的生态系统正在倒逼新闻机构改善组织、机制体制、生产流程、新闻服务的标准等。新闻分发领域已经发生整个生态的剧变，用户也已经数次迭代，但是多数媒体发行部门并未发生实质性变化，面向新媒体平台的新闻传播主要交由负责新闻生产的新媒体部门操作。这一组织框架的缺陷在于不能理解和分析网络用户。媒体应建立专门化的传播管理部门，做统一的传播策略规划。

（四）精准把握用户需求

在网络社会，传播精细化是提高新闻传播力的路径，这意味着需要精细洞察和把握用户需求。媒体目前在致力于为用户画像，但是从实际执行效果来看，用户画像还做不到精准。特别是很多媒体用户分散在不同的平台上，并不能细分为具体的个体。此外，用户画像不等同于用户需求。对用户需求的洞察还需要对新闻业生态、网络传播规律、用户信息消费行为有综合理解和调研基础才能完成。智能传播阶段的新闻分发是以个人为中心，媒体机构还有功课要补。

第四章　数字媒体环境下新闻传播的乱象治理

第一节　假新闻乱象与治理

近年来，随着各类媒体的飞速发展，虚假新闻的传播屡屡发生，反转新闻事件不断。这些假新闻五花八门，无奇不有。有些内容让人瞠目结舌，而有些则让人哭笑不得。由于它们大多经过强势媒体的报道，往往又会很快通过自媒体加以扩散，因而影响甚广。有的假新闻还能给所涉及的一些当事人造成重大危害。尤其是假新闻的屡禁不止，使主流媒体在受众中的形象，传媒的公信力也因此遭遇了全面挑战。

一、人人都是记者与新闻把关人缺失

（一）假新闻的基本特点

1. 娱乐性强，迷惑力大，很容易让人信以为真

近几年就内容方面来看，娱乐新闻、体育新闻是假新闻的重灾区。而且这样的假新闻往往与明星有关，是普通老百姓和追星族极为关注的对象，非常有市场卖点，所以一些造假者就在这些人身上大做文章。

2. 娱记自导、自演，媒体自炒、对炒

在中国新闻界，娱记算是这方面的高手，娱记们在新闻炒作上颇有心得，屡屡"创新"。虽然，媒体与媒体之间存在激烈的竞争，娱记却私下串通，自导、自演。自由撰稿人相对来说就无所顾忌。这几年假新闻不断，也与自由撰稿人数量不断增多有着一定关系。因为有些内容离奇的假新闻会使他们得到很高的稿酬。

3. 出"奇"制胜，以"怪"为上

假新闻的制造者非常熟谙市场化的新闻价值标准——"狗咬人不是新闻，人咬狗才是新闻"。所以，假新闻的内容大多是离奇怪诞的。还有些描写生动形象、细节有声有色，全篇有很强的故事性，也很能满足一般读者的好奇心。这也就难怪其能够很快进入媒体，流传开来了。

4. 网络、短信"助纣为虐",加速假新闻传播

假新闻本应该成为过街老鼠,而近几年的假新闻却纷纷迅速地被转载,甲报的一条假新闻,乙报的编辑看了,即使明知新闻有假,但为了报纸的发行量,也会毫无顾忌地转载。他们心里明白,即使假新闻出了问题,也会由原发媒体负责,转载媒体不会有什么责任。而原发媒体的编辑们之所以大胆编发假新闻稿件,也是因为他们心里明白,即便被查出所编发的内容为假新闻顶多只会是一个"审稿不严"的责任。在互联网发达的今天,网络的"虚拟现实性"为"网络谎言"的滋生提供了温床,这些假新闻凭着网络,能在一两天之内传遍全国各地,搞得人尽皆知。由此看来,网络在现代是假新闻的助推器,不仅加快了假新闻传播的速度,更扩大了传播的范围。

此外,近年假新闻出现的最新特点:第一,虚假新闻的边界变得更加模糊;第二,社交媒体平台构成的"新闻生态系统"完成了虚假新闻生产—传播—打假整个过程;第三,对虚假新闻的生产持续削弱专业媒体的公信力。

(二)假新闻的主要成因

1. 媒体利益驱使,记者指标作怪

媒体在追求利益的驱使下,记者为了完成考核指标,常常被迫制造或报道假新闻以获取更多的流量与关注度。许多媒体机构将点击率和传播量作为衡量记者业绩的重要标准,导致记者在工作中倾向于编写夸张或扭曲事实的新闻,迎合受众的猎奇心理。为了迅速达成阅读量目标,记者可能在新闻标题中使用煽动性和夸大其词的词汇,甚至将部分事实拼凑成耸人听闻的内容。这种唯指标至上的工作方式无疑扭曲了新闻生产的初衷,使记者为利益和考核放弃了新闻的真实性与公正性,导致使假新闻在媒体传播环境中滋生。

2. 为了服从某种外在需要或者完成上级任务,不惜制造、报道假新闻

某些媒体机构为了迎合外在需要或完成上级布置的宣传任务,不惜制造或传播假新闻,以达到某种政治或商业目的。这种现象在传统媒体与新媒体环境下均有发生,编辑和记者可能被迫遵循上级的指令,故意偏袒某些观点、刻意扭曲报道方向,甚至掩盖或捏造事实。无论是为了塑造某种特定的舆论氛围,还是推广某种政策,假新闻都成为达到宣传目标的工具。这种外部干预使新闻生产过程失去了独立性和客观性,导致大量假新闻在媒体上散播,削弱了公众对新闻机构的信任。

3. 为了抢新闻,道听途说、未经证实就制造或转载假新闻

在激烈的媒体竞争环境下,为了抢先报道新闻,记者可能通过道听途说或未经证实的消息制造或转载假新闻。随着信息传播速度的加快,媒体机构都希望在第一时间发布独家新闻,以此获得更多流量和曝光度。然而,在匆忙报道的过程中,记者往往忽视了对消息来源的验证和

事实的查证，使未经证实的谣言或虚假信息得以传播。抢新闻的心态还使许多记者对热点事件的报道失去理性，偏向夸大或曲解事实，导致假新闻不断被制造和扩散。这种急功近利的做法严重影响了新闻报道的真实性与公信力。

4. 受众的猎奇心理作怪

许多假新闻迎合了公众对奇闻异事、极端事件或戏剧化情节的好奇心，利用标题党、夸张描述和情感煽动来吸引眼球。受众在社交媒体上浏览和分享此类新闻时，很容易被引入片面的观点或虚假的事实，助长了假新闻的传播势头。同时，受众在浏览新闻时通常较少对信息来源进行核实和思考，直接分享未经过滤的内容，这种轻信的行为进一步扩大了虚假信息的影响范围。假新闻的制造者正是利用受众的猎奇心理和不加分辨的传播行为，促使虚假新闻在不同媒体平台上迅速传播。

二、信息超载与新闻稀缺

（一）假新闻与媒体公信力的侵蚀

假新闻的泛滥对媒体形象和新闻公信力构成了严重威胁。它们不仅无端制造争端，为不法之徒带来不正当利益，而且往往对受众进行误导，甚至愚弄。尽管假新闻往往容易被揭穿，但"类虚假新闻"的存在更难以识别，它们造成了对新闻真实性的隐蔽侵蚀。这种新闻通常基于一些真实事件，但通过主观臆断和无端延伸，对事实进行夸大或错误推断，其隐蔽性和潜在的影响力使其成为媒体环境中一个亟待关注的问题。

（二）"类虚假新闻"的隐蔽性与识别难题

"类虚假新闻"与完全虚构的假新闻不同，它们往往在真实事件的基础上加入主观臆断，使真实与虚构的界限变得模糊。这种新闻的隐蔽性在于它们可能在某些方面迎合了受众的心理预期，因而获得了一定的传播空间。它们的类型化和类似性特征，往往基于人们的常规思维或既成范式，往往对事物的评价、推测和判断带有偏见。这种新闻的传播，无论是出于宣传需要还是有其他目的，都对新闻的真实性原则构成了挑战。

（三）"类虚假新闻"的普遍性与真实性原则相冲突

"类虚假新闻"在某些媒体中相当普遍，它们的存在对新闻报道的真实性原则构成了重大障碍。这种新闻在基本事实上可能确有依据，但在对事实的延伸或表达倾向上带有强烈的主观性，有时甚至包含虚构成分。这种现象的普遍性要求媒体从业者和受众提高警惕，从理论和实践上对其进行严格分析和辨别，以维护新闻的真实性和媒体的公信力。

（四）对"类虚假新闻"的警惕与剔除的必要性

鉴于"类虚假新闻"对新闻真实性的潜在破坏力，媒体和受众都应提高对这类新闻的警惕性。媒体机构需要加强内部审核机制，确保新闻内容的准确性和客观性。同时，也应培养受众的批判性思维，能够对所接收的信息进行独立思考和验证。从实践上剔除"类虚假新闻"不仅是媒体行业的责任，也是维护健康媒体环境和公共利益的必要之举。通过教育、培训和公共宣传，可以提高公众对"类虚假新闻"的识别能力，减少假新闻对社会的不良影响。

三、假新闻的出笼

"假新闻"具体表现上花样繁多，为了更清晰和更有条理地认识假新闻的真实面目，我们将其大致归纳为以下几种主要类型。

（一）先入为主型

先入为主型假新闻往往是基于人们已有的观念和偏见进行编造和传播。它利用受众对某些事件或群体的刻板印象，迅速将特定的观点和信念灌输给他们。新闻报道的内容通常与事实不符，但由于与受众固有的观点相契合，容易引发共鸣，使人们在没有仔细核查的情况下轻易相信并传播这种信息。这类假新闻可能通过夸大某一事件的负面影响、对某一群体进行刻板化描述等方式，将受众引入误区，使他们对复杂事件形成片面的理解，往往会加剧社会中的对立与分裂。

（二）合理想象型

合理想象型假新闻通过将事实和虚构相混合，使虚构部分看似符合逻辑，从而蒙蔽受众。这种类型的假新闻常以部分真实的事件为基础，加入虚构的细节或不实的推测，让整体故事看起来可信且合乎情理。报道中常利用真实的名人、机构或事件作为背景，增加其可信度，但隐藏了虚构和夸张的内容。这种假新闻利用人们对合乎逻辑的事件发展或结果的期待，将虚假信息植入其中，使受众容易被其表面的合理性所迷惑，难以分辨事实与虚构的界限。

（三）理想愿望型

理想愿望型假新闻迎合了受众对某一特定结果或事件的理想化期待，使其愿意相信虚假的信息。它往往构建一个符合人们美好愿望的虚假场景，以满足人们对社会、经济或政治现状的期望。例如，一些假新闻会描述某一明星或政治人物的善举，或者呈现社会问题得以解决的虚构场景，让受众相信自己的理想愿望得以实现。虽然这些信息不符合实际情况，但因为它们与人们的心理需求相吻合，容易让受众产生认同感，降低对真实性的质疑，促使这类假新闻在社交平台上快速传播。

（四）暗示诱导型

暗示诱导型假新闻通过巧妙的措辞和隐晦的表达方式，向受众传递特定的观点或偏见。此类假新闻不会直接发布虚假信息，而是通过选择性引用、含糊措辞、隐喻暗示等方式，让受众在潜意识中形成特定印象。例如，报道中可能选择性引用部分数据或证言，强调某一方面的信息，弱化或忽略相反的事实，使读者产生一种片面的理解。这种技巧可以在不直接制造假新闻的情况下，有效引导舆论，使人们对某一事件或观点产生先入为主的偏见，甚至难以意识到自己受到了操控。

（五）数据非典型型

数据非典型型假新闻通过不准确或不完整的统计数据误导受众，使其产生错误的认知。报道中往往引用片面的数据或选择性统计，以支持虚假的结论。统计样本的选择和数据的呈现方式经过精心设计，使受众认为这些数据具有代表性从而得出错误的结论。例如，通过呈现某地区或某时期的片面数据，营造出一种虚假的整体趋势。这种假新闻利用数据的表面权威性与客观性，掩盖其逻辑漏洞和统计偏见，使受众被数字迷惑，难以看穿其中的误导性。

（六）借题发挥型

借题发挥型假新闻利用热点事件或敏感议题进行报道，加入虚假或夸张的元素，误导公众。此类新闻往往以真实事件为基础，通过拼接、夸大、扭曲和嫁接的方式，将事件包装成更具戏剧性、情感煽动性或争议性的内容，以达到吸引眼球、激发情绪的目的。它充分利用公众对热点事件的高度关注和情绪反应，将原本简单的事件复杂化，甚至故意制造矛盾与分歧，使公众的情绪被带入事件的虚假情节当中，放大了社会的舆论分歧。借助热点事件的传播效应，这种假新闻往往能够在短时间内迅速扩散。

四、假新闻的根源

（一）权力和利益的隐秘网络

政治和经济力量常常通过对媒体的直接或间接干预，左右新闻的生产与传播，以实现其自身的利益目标。政治权力可能利用媒体为自身树立正面形象、掩盖丑闻或压制异见，使新闻报道失去客观性与独立性。与此同时，媒体机构为了追逐经济利益，可能接受企业的赞助或广告费，从而对其相关报道进行选择性编排或美化，形成所谓的"软文"营销。这种权力和利益的操控，不仅让媒体难以保持独立性，也削弱了受众对新闻真实性的信任，为假新闻的传播开辟了道路。

（二）"守门人"行为的失范

在新闻生产中，编辑和记者本应扮演严格筛选、核查和控制信息质量的"守门人"角色。然而，随着新闻生产流程的加速和绩效压力的增加，"守门人"在审核内容时往往无法保持专业标准，出现了事实核查不充分、信息来源不明确等问题。特别是一些媒体为了抢占新闻热点，仓促发布未经证实的消息，甚至直接转载来自社交媒体或其他不可靠渠道的内容，导致假新闻在新闻报道中频繁出现。"守门人"行为的失范让虚假信息能够轻松穿透传统的新闻审核机制，使媒体成为假新闻的传播渠道。

（三）新媒介的薄弱环节

社交媒体、博客和自媒体平台极大降低了信息发布的门槛，使任何人都可以成为新闻发布者，带来了内容生产的多样性和广泛性。然而，由于缺乏专业的新闻审核机制，新媒介平台上的信息容易混杂不实内容。此外，社交媒体的算法推荐和信息流设计往往倾向于推送受众感兴趣的内容，导致用户沉浸在"信息茧房"中，难以接触到与自身观点不同的事实或声音。这种结构性缺陷使假新闻能够通过社交网络快速传播，不断加深受众的偏见，促进了虚假信息的扩散。

（四）自省机制的缺失

作为舆论的监督者，媒体自身也需要建立严格的自我审查与改进机制。然而，出于经济压力和市场竞争的考虑，许多媒体机构缺乏对自身报道质量的反思和纠正动力。即便部分新闻机构设立了内部审查机制，也难以对存在偏见或错误的报道进行及时纠正，甚至在错误曝光后往往采取回避或推诿的态度。此外，社交媒体平台和自媒体创作者在发布虚假信息后，通常缺乏对其影响的追踪与修正，进一步放任了虚假信息的扩散。这种自省机制的缺失导致假新闻问题难以被及时遏制和纠正，最终削弱了媒体的公信力。

五、防止和抵制假新闻

对假新闻现象，如果分别孤立地或个别地来看，一般都是无关大局或者无伤大体的。但是，如果不加防范，任其自流，其深层危害也是不容低估的。对假新闻的预防和抵制虽千头万绪，但以下几个层面的努力必不可少。

（一）强化新闻人的主体精神

要有效防止和抵制假新闻，新闻人必须强化其主体精神，坚守职业道德和新闻理想，主动承担起准确报道的责任。新闻机构应在内部倡导和培养独立自主的新闻价值观，确保记者和编辑能够在政治、商业和社会压力下保持客观与公正。新闻人需以真实、准确、全面为标准，坚持对事实的深度挖掘与核查，杜绝编造和夸大信息。同时，机构还应建立对假新闻的预警和应对机制，通过持续的职业培训、内部监督和自律规范，确保新闻人的主体精神贯穿整个新闻生产流程，让他们能够抵制诱惑和压力，始终坚持以真实报道为最高准则。

（二）加大媒介批评的深度和力度

媒介批评在假新闻治理中扮演着重要角色，其深度和力度的提升有助于揭露并遏制虚假信息的传播。独立的媒介批评机构和研究者应深入调查假新闻的传播规律与背后动机，揭示虚假报道的手段与危害。新闻机构也应设立专门的媒介批评栏目，邀请业内专家、学者和资深记者对当前的新闻报道进行分析和评判，揭示不良媒体和自媒体发布假新闻的策略。同时，批评机构需加强对媒体责任与伦理的呼吁，推动行业组织和监管机构制定更严格的准则。通过深化媒介批评的深度和力度，可以促使媒体机构反思其报道行为，提高新闻生产的透明度与规范性，进一步遏制假新闻的蔓延。

（三）进一步完善和增强媒介自省机制

每个媒体机构应设立独立的新闻监察部门，定期审查自身的报道内容，确保其符合真实性和客观性标准。一旦发现不准确或有偏颇的报道，必须及时纠正，并公开承认错误，向受众澄清事实。与此同时，内部自省机制需涵盖报道流程中的各个环节，对新闻采集、编辑和发布的规范与程序进行严格审查。此外，自省机制还需与外部监督机构保持互动，将受众的反馈与批评纳入改进流程中，使机构能够更敏锐地发现和纠正自身的不足，从而有效提升新闻质量，抵制假新闻的传播。

（四）提升受众的媒介素养

新闻机构、教育机构和社会组织应联合推动媒介素养教育，提高公众辨别真假新闻的能力。学校应开设相关课程，让学生掌握信息甄别的基本技能。新闻机构应通过科普报道、专题栏目等形式，引导受众学会识别虚假信息的特征，了解假新闻的常见传播方式。受众在获取信息时需学会独立思考，审慎查证信息来源，避免轻信和随意分享。社会组织也可开展网络素养培训，加强公众对虚假信息的警惕意识。过全方位的媒介素养教育，使受众能够在面对海量信息时保持冷静，理性地选择和传播可信赖的新闻内容。

第二节 后真相与"反转新闻"避防

"后真相"意为"陈述客观事实对民意的影响力弱于诉诸情感和个人信念的情况"。后真相时代下的"反转新闻"往往依据情感上的接近而进行反转。事件的真相在话题中发生着一次次的颠覆重塑,情绪一浪高过一浪,公众不关注真相,只是着力于道德的审判和情绪的渲染,甚至期待反转,但一旦真相被揭开,公众已将事件的原委淡忘。

一、后真相时代的真相

(一)后真相时代的内涵

后真相时代是指在公共舆论中,情绪和主观信念往往比客观事实更能影响公众对事件的看法。在这一时代背景下,新闻报道的真实性和准确性不再是公众判断信息的主要依据,取而代之的是个体情绪、偏见和认知框架对信息解读的主导作用。社交媒体和自媒体平台的兴起,使信息传播方式发生了根本性变化,每个人都可以成为信息的生产者和传播者。人们倾向于在社交网络中寻找能够支持自身观点的信息,形成"信息茧房",从而强化原有的立场和偏见,却难以接受与自己认知相左的事实。在这种环境下,假新闻、谣言和阴谋论等虚假信息容易通过煽动情绪或迎合偏见的方式被迅速传播,影响舆论导向,使真相逐渐被情绪和观点所掩盖,使公众陷入对信息的片面理解或对立情绪中。

(二)后真相产生的原因

后真相的产生是多种因素共同作用的结果。首先,社交媒体和自媒体的普及打破了传统媒体对信息传播的垄断,使个人和机构都能够轻松发布内容。社交平台的算法推荐机制往往根据用户的兴趣和行为习惯推送相关信息,导致用户沉浸在由相似观点构成的"信息茧房"中,难以接触到与自己立场不同的声音。其次,政治和经济力量对媒体的操控加剧了新闻的偏见性与片面性,一些机构为达成特定目标,不惜利用虚假信息和夸大报道来操纵舆论,误导公众。再次,公众的情绪化思维和偏见倾向让他们更愿意相信符合自身认知的内容,而忽视不符合其观点的事实。最后,教育体系和媒介素养的不足使公众缺乏对信息来源和真实性的判断能力,容易被煽动情绪或迎合偏见的虚假信息误导。所有这些因素相互作用,使后真相时代的真相被情绪与信念所掩盖。

(三)后真相时代的思考

即使说后真相时代下的反转新闻不是假新闻,但是媒体人职责的失守、公众的求异心理终将会造成新闻报道的失实，过激言论仍然会造成一定程度的社会混乱和恐慌，这些都在警示我们，无论时代如何发展，真实仍应该是新闻的生命。

1. 媒体：坚持客观公正，报道不偏不倚

媒体作为舆论的主要引导者，必须坚持客观公正的报道原则，避免有偏见和情绪化的报道。新闻机构应加强内部规范与自律，确保记者和编辑在新闻采编过程中严格遵循真实性和全面性原则，杜绝未经核实的道听途说和主观偏见。针对敏感议题和重大事件，媒体需多角度、多层次地进行报道，提供完整的背景与事实，确保信息的准确与全面。在涉及各方利益的争议性事件中，媒体应坚持平衡报道，不偏不倚地呈现不同立场与观点，为公众提供多元视角的事实依据。同时，媒体还需强化其监督与纠偏功能，设立专门的新闻核查团队，对虚假信息进行及时辟谣与澄清，主动引导社会舆论向理性客观的方向发展。通过坚持客观公正的报道原则，媒体能够重建公众对其信任，减少虚假信息在社会中的传播与影响。

2. 受众：加强媒介素养，培养理性受众

受众需要加强自身的媒介素养，学会理性辨别信息的真伪，避免被情绪化和片面化的报道误导。首先，受众应了解不同类型媒体的特点和传播规律，掌握基本的信息甄别技能，如核查信息来源、交叉对比多个渠道的报道等。其次，受众需保持开放的心态，避免陷入"信息茧房"，主动寻求与自身立场不同的声音，全面了解事件的不同观点与背景。此外，应警惕情绪化信息和煽动性言论，不轻易相信与传播未经证实的消息，尽量保持对新闻事件的理性思考与独立判断。教育机构和社会组织也应开展相关媒介素养培训，帮助公众提升信息甄别能力，学会理性分析和批判性思考。只有通过加强媒介素养、培养理性受众，才能抵御后真相时代的情绪操纵和虚假信息泛滥，让公众在纷繁复杂的信息环境中保持清醒的头脑。

（四）后真相时代的真相难求

现如今，以微博、微信为代表的社会化媒体蓬勃发展，信息的碎片化传播已成普遍现象，人们沉浸在信息的海洋之中，大部分时候人们接触一则新闻仅仅依靠各类账号对事件的搬运和拼凑。在流量先行的媒体时代，发布主体对信息的报道往往依赖吸睛而夸张的标题，如此一来，受众对事实真伪的判断往往位居次位，取而代之的是情感先行，由此社会上便频频上演舆论反转的闹剧。

二、口水化信息掩盖真相

近年来，舆论场日益复杂多变，这在客观上和转型中的社会环境及不断变化的媒体环境有关，与此同时个别媒体或个人滥用媒介使用的自由权，利用受众的弱点，制造社会爆点，传播虚假信息，口水化信息掩盖了真相。舆情被恶意操控将会对社会整体秩序带来一系列严重的危害。

在网络互动平台发展的初级阶段，公众言论多为友好、包容的交流，能够就一件事件展开多角度的讨论，也能够倾听他人的不同意见。但是在今天的网络舆论环境中，公众言论充满戾气，友好讨论不再，多数网民都会陷入自我所持观点中自说自话，一旦遇到与自己不同的观点，非常容易吵得不可开交，誓不把另一种观点消灭不罢休，毫不理会他人观点的合理之处。与此同时，在虚拟网络匿名环境的加持下，很多人甚至会采取一些极端方式抓住热点事件中的某一处"借题发挥"，将负面情绪毫无克制地宣泄在媒体公开平台，甚至在日常交流中几乎不会说出口的过激言语也随处可见。

当社会情绪被带有特定目的的一方所操控，新闻经过一再反转，即使澄清了事实真相，也会浪费掉大量的舆论资源，破坏社会秩序，透支社会信任。除此之外还会危害到某一特定群体或个别当事人的利益和名誉，加重社会对该群体的刻板印象。在后真相时代，过度的标签化解读将会加重真相"难产"，令事实被情绪裹挟。若不及时对国内舆论进行有效疏导，将会对国内民众情绪、我国国家形象、国际关系造成负面影响。

因此我们需要特别警惕在新闻事件发生后出现的恶意操纵舆情现象的发生，这不仅需要政府相关部门的高度重视，也需要各方媒体的有力配合并加强把关，将虚假信息和煽动性信息抵制在信息传播的第一道门外。此外，更多的是需要社会民众提高智识，理性辨伪，坚定立场，文明传播。恶意操纵舆情的现象是发生巨变的社会生态在舆论生态中的反映，本质上是一种破坏社会秩序的恶意行为。所以从根本上来说，还需要将其纳入法制化轨道中，依照法律对恶意制造社会混乱的行为进行严惩。

三、数字化技术防治新闻失真

互联网发展到社交媒体时代，就像一面放大镜，各种言论都得以呈现。自媒体时代，"人人皆记者"成为可能，它所呈现的多样化、平民化、普泛化等特点使信息传播的时效性增强、内容更多元化和个性化，为文化产业，尤其是为传媒行业带来了更多发展的可能性。一方面为人们提供了意见交流和组织参与的渠道，另一方面也放大了突发公共事件的潜在风险。我们既要正确使用其优点，也应该正视其不足之处并予以完善。

首先，舆论环境的改善要由处于其中的每一个个体来共同完成，需要受众对自我行为进行约束。作为信息的接受者，要具备辨别、质疑信息真假的能力，当然这种能力的形成不是一蹴而就的，需要受众有这种意识，并注重对其的培养和积累。在每一次发言之前，我们都要先了解事件全局，然后理性思考，只有不屈服于大多数人或者意见领袖的意见而放弃自己的独立思考，才能让自由讨论成为推动社会进步的利器而非伤害他人的武器。

其次，舆论主体都应该进行认真反思，特别是在舆论引导工作中扮演主要角色的媒体和政府。对媒体而言，新闻行业更需要也更有责任坚持对真相的追求，媒体要坚持全面、客观、真实和公正地进行新闻报道，在追求"快"的同时，更应该意识到"真"的可贵。在媒体市场竞争不断加剧的情况下，传统媒体应该采用应时而变的舆论引导方法，并在不断适应变化的市场的同时,坚持专业自律,承担社会责任,不断进行自身可靠、专业和权威的形象塑造,不能为了盲目追求"热点"和"流量"而舍弃作为专业媒体应有的责任和担当。对政府而言,在做好舆论引导工作之余更应该思考如何从根本上应对危机事件的发生,以及在危机事件发生之后应该如何正面地、积极地应对,而不是以堵代疏。只有建立公正合理的利益分配和协调机制,通过制度建设来重塑公信力,才能够有效规避"塔西佗陷阱"的出现,让真相不再迟到!

四、反转新闻频发的分析与防治

多数研究者会将反转新闻的出现归因于新闻从业人员违背新闻专业主义、新闻媒体把关人缺失、发声渠道的多元化增加信息不确定性等原因。无可否认,上述原因是反转新闻出现频率上升、影响力扩大的重要原因。这其中,网络媒介环境下的发声渠道多元化更应该引起关注。互联网逐渐替代传统媒体成为主要的舆论场,网络媒体所构建的虚拟媒介环境不断改变着受众的信息接收方式、行为方式、价值观念,也因此成为反转新闻的"事故多发地"。

然而,无论是媒介环境,还是制度问题,都仅可称之为反转新闻的外力因素。反转新闻的多发,究其根本,在于"人"。社会情绪是将个人情绪与外界社会环境联系在一起,将重心放在了个体与个体之间、个体与群体之间以及群体之间情绪的共享。经过共享而产生的社会情绪与个人情绪相比具有更强烈的能动性。而互联网确实为信息共享、情绪共享提供了一个无时空边界的空间,这也成为反转新闻孕育发酵的温床。

反转新闻多发的一个重要内在原因,就在于"情绪主导理智",从而引发行为失当。人是情绪化的动物,我国古时就有"七情六欲"的说法。心理学家对于喜、怒、哀、惧四种基本情绪的划分,几乎得到世界的普遍认同。除喜、怒、哀、惧四种较为直接的感性思维之外,人往往还具备冷静、客观的理性思维。理性思维使人具备更有依据、更合逻辑性、更客观的思考与判断能力。然而,处于一个"人人都有麦克风"的时代,个人表达意识不断高涨,海量的信息在无限的时空环境中不断产生、传播、纠缠、叠加,在情绪与理智的博弈中,"情绪主导理智"不仅仅是思维判断的起点,也遗憾地成为终点。自事件发生之后,从"造谣"到"信谣",再到"传谣",都存在典型的"情绪主导理智"的现象。这种"情绪主导理智"的现象寓于新闻生产与传播的各个环节,威胁着新闻真实性的表达与传播。

(一)"造谣":新闻达成"反转"的拐点

事实的发展分为三个阶段:经典事实时期、基于数据的事实时期、网络化事实阶段。我们现在就处于网络化事实的阶段。网络化事实阶段是"大到不可知的"。网络广泛性已经完全超越了我们的可知范围,有太多的知识我们尚未了解,太多的信息难以得出统一的论断,反转新闻发生的可能性也随之提升。因此,在新闻生产的各个环节,从事件当事人到职业或非职业的新闻发布者、传播者都可能出现新闻失实与反转。

1. 视域受限的局中人

反转新闻从当事人处出现拐点多源自"当局者迷"。当事人身处事件当中,主观性思维更强烈,从趋利避害的本能出发,单纯以片面的眼光考量自己之得失,从而寻找、强化和传播对自己有利的信息,而难以较为全面、客观地认识问题。尤其在自身负面情绪不断被激化的过程中,更易将自己的视野局限性,对事件的认识恰如盲人摸象。而面对这种局限性的产生,当事人或许自己也尚未意识到已被主观情绪所左右,而处于认识上的被动局面。情绪与理智的博弈中,情绪占上风,使当事人被动地被主观情绪裹挟,往往难以对问题做出客观公正的理性判断。也就是说,所谓"反转新闻"从一开始就有可能是片面的信息,而片面的信息离真相是有距离的。

2. 为情绪所左右的非职业新闻发布者

万事万物皆可"横看成岭侧成峰"。许多时候,即使是事件发生的旁观者、局外人,也不能用完全客观的视角再现所有事实。然而网络媒体的发展却给予了非专业新闻工作者发布与传播信息的机会。互联网所搭建的网络环境日益强大,拓展了新闻生产与传播的渠道,突破了新闻内容生产的范式,形成了以OGC(Occupationally-generated Content,职业生产内容)、PGC(Professionally-generated Content,专业生产内容)与UGC(User-generated Content,用户生产内容)三者并立的现象,支撑基本的新闻内容生产。其中,职业生产内容的人也就是在前互联网时代的职业新闻人,他们有着深厚的新闻专业素养和采编技能,也拥有较强的职业准则和职业操守,在某种程度上说,也"垄断"了新闻信息的采集发布"权利"。专业生产内容的人是在某一个领域有着专门的知识,并凭借自身的专业素养、专业知识,就该领域问题传播知识信息、发表言论意见。UGC(用户生产内容)是随着互联网信息技术的发展,信息传播进入"人人都有麦克风"的时代才产生的,用户在熟练地使用信息技术的同时也拥有了信息发布权。在互联网普及的时代,广大公众几乎都是信息技术的用户,也因此成为信息内容的生产者和传播者,但互联网虚拟环境中便捷的信息发布方式、发布责任监管的缺失等宽松的环境,共同助推非职业新闻人在没有对事件真相做出理性的分析判断的情况下生产、传播了海量的、无序的新闻信息。并且,除去非职业新闻人认识事物的片面性之外,还存在其不同社会背景下的主观选择。在非职业新闻发布者的眼中,违背自身价值观念的事件称为"奇",而具有新奇感的新闻信息往往会引起一定的舆论关注。因此,新闻发布者在面对客观新闻事件时,做出主观性选择就变得极其重要,否则真相难以完整地表露出来。

自媒体迅猛发展的时代,受众的自我表达意识也随之觉醒并迅猛增长,受众不再甘心做信息的被动接收者,而是选择在信息爆炸的时代发出自己的声音,为自己博取一定的关注,有的甚至逐渐具备了希望成为意见领袖的"野心"。加之,获取甚至是消费新闻已经成为人们可以融入社会的重要表现,受众需要知晓信息以跟随时代,更有甚者试图"创造"信息以"引领"时代。因此,受众面对信息化时代的态度也时刻影响着反转新闻。

3. 在"流量"中迷失的职业新闻人

原本具备权威性与专业能力的主流媒体新闻人，面对诸多复杂又自由的媒介环境时同样表现出了制造炒作热点甚至是制造"戏剧性"噱头、背离新闻专业主义的倾向。面对有限的受众注意力与无限的碎片化信息，"流量"似乎成为检验新闻价值的唯一标准。传统主流媒体面对纷繁复杂的网络媒体环境，认识到似乎"速度"比"质量"更加重要。于是乎，传统主流媒体越来越难以遵循规范的新闻生产传播流程，开始偷工减料、投机取巧，片面地放大新闻的时效性，弱化扎扎实实的前期调查采访和严谨规范的后期复核审查等环节，以致于推波助澜生产出诸多核心信息失实、报道内容不完整、情节一再反转的所谓"新闻"。在这一过程中，传统主流媒体的新闻监管体制与新闻专业主义乃至新闻工作者的职业精神和职业道德都受到了威胁。更可怕的是，反转新闻的炮制过程也是本应被传统主流媒体视为生命的权威性与公信力逐渐瓦解的过程。

4. 利益驱使下的炙热情绪与理性冰冷

新闻当事人与新闻传受双方炙热的情绪，来自对自身利益或不正当目的的片面追求。这种炙热的情绪反过来也会激发人过度理性的思维，成就利益驱使下的理性冰冷，这样的所谓"理性"单纯以功利效果的最大化为目的，而无视公序良俗、公平正义等精神价值，自然也可以无视新闻的真实性原则。当人所追求的利益或意愿与新闻事实相悖，就有可能出现为谋求自身利益而放弃真相与正义，从而篡改、歪曲甚至虚构新闻事实的行为。

（二）信谣：为假新闻披上合理化的外衣

造谣重点在于反转新闻中"假"的本质，而反转新闻之所以得到各大主流媒体与受众的广泛转发、评论，形成现象级的影响力，其根本在于受众自愿选择相信这种"假"。

营造这种真实的假象，首要因素是反转新闻所具备的生动形象与可信度高的文字、图片、视频资料。

形成舆论的受众多数与新闻事件本身并无直接关系，既非事件当事人，也不是事件发生时的目击者。随着互联网尤其是移动互联网的飞速发展，浏览网络中的新闻信息成为受众目前认识世界、了解社会的最主要、最普遍、最便捷的方式。因此，新闻发布者网上发布的信息资料几乎成为受众实时了解新闻事件的最直接、快捷的窗口。信息传播技术的创新推动媒介形式革新，图片、视频、动画，甚至AR、AI技术的使用为受众带来了多维的感官体验。这些媒介形式在一定程度上代替了受众的"眼睛"，使受众产生亲眼所见、亲耳所闻的在场感，给反转新闻创造了不断强化自身可信度的能力。

事实上，通过各种媒介形式等外在包装营造的新闻"真实性"假象依旧不能完全支撑受众信谣。受众之所以信谣，究其根本在于反转新闻中的"假象"具备刺激受众感官神经、满足受众内心需求、符合受众惯性思维、达成受众合理期待的特质。社会普遍认同的认知观念或有前车之鉴的事件,为假新闻披上了合理化的外衣。

(三)传谣:假新闻的病毒式扩散

当假新闻已经充分赢得了受众的信任,便开始从"信谣"向"传谣"过渡。

1."传谣"的形成路径

首先,多元化的媒介形式、方便快捷的信息发布渠道、灵活自由的媒介环境,增加了公众发表自身观点的机会,也在不断提升公众自我表达的欲望。而受众的公民意识、主体意识也在不断觉醒,他们更加关注国家与社会发展,也更希望通过自己的言论影响乃至推动社会问题的治理。

其次,一系列反转新闻通常以强烈的"戏剧性"或极度反差引发受众的"猎奇"心理并促成传播行为。"戏剧性"原本是一个美学范畴,是指小说、戏剧、影视剧等叙事文学根据人物内心活动而合理虚构的矛盾冲突。

再次,也是达成传播反转新闻的一个更为重要的因素,那就是群体心理激发了受众心底潜藏的惩恶扬善、伸张正义的"侠义精神""英雄主义"。在复杂的社会环境里,"怕吃不正义的亏"是公众普遍担忧并想方设法尽力避免的,这也是公众面对他们所认可的恶行群起而攻之的根本原因。

综上所述,基于媒介环境、群体心理等多种因素,受众产生了对新闻信息强烈的传播欲望和自我表达意识,在有利于真实新闻传播的同时,也为假新闻的病毒式扩散提供了土壤。并且,在信息二次、三次的传播中难免有传播者"添油加醋"的成分,使假新闻越来越离奇曲折、骇人听闻。

2."病毒式"传谣

之所以将"传谣"称为"病毒式扩散",是因为反转新闻在传播的过程中经常裹挟受众悲观消极甚至暴戾偏激的舆论观点。事实上,这也不单单存在于谣言的传播,而是一种社会舆论中普遍存在的现象。

在新闻传播的过程中,二次、三次传播的受众所夹杂的负面情绪也在感染着其他受众的情绪,最终达成情绪共鸣,产生非理性的舆论行为。尤其在受众针对新闻中的不公正、不道德行为感同身受时,再加上群体心理中冲动、易怒、夸张以及高度纯洁的群体道德的支撑,加剧了受众急欲拿起舆论的武器"惩恶扬善"的诉求。

上述内容是始终站在反转新闻负面作用的视角进行的分析,但是看待任何事物,都应秉持着辩证的眼光。即使反转新闻存在消费受众社会关注、瓦解社会信任机制、制造消极社会风气等诸多负面影响,也难以否认反转新闻有时候以一种反作用力也会推进社会矛盾问题的化解。

动物在人类眼中所谓的情绪化行为如咆哮、呜咽等,事实上只是动物的本能反应。而动物世界中的食物链、生态平衡也只是自然界的客观规则。与动物世界不同,人类之所以能搭建起一个有秩序、有交际的社会，更多的在于情绪维系下的主观选择。通过情绪形成人际沟通、信息传播、商业贸易等，从而形成了绵延悠久的历史、丰富多彩的文明。情绪确实也具备一些缺点，尤其是善意的情绪更可能成为人类的软肋。但也正是这个软肋让社会充满烟火气与人情味，成为人性中最独特的闪光点。理性可以引导积极的社会发展走向，而情绪是保持社会正常运行的必需品，因此，情绪与理性都是人类心理的重要组成部分。失去理性的过度情绪化会让社会发展失去分寸感，但是失去情绪的理性也只能造就一个冷漠的社会外壳。

大量的反转新闻都产生了强大的舆论影响力，虽然这种影响力可能建立于新闻真实被歪曲的基础上，但是仍旧不可否认其中大部分舆论是以"善意"为出发点的。这种"善意"的初衷引导了受众情绪的外显，形成言论或行为。这种情绪的外显有时可以推进社会问题的解决，有时为他人的身心造成伤害，从善意出发的受众，也会落得"好心办坏事"的结果。因此，在善意的主观情绪与冷静的客观理性的博弈中，受众陷入了一种伦理表达困境，往往难以掌握情绪与理性之间的分寸。这也再一次彰显出治理反转新闻的必要性，媒体尤其是主流媒体必须忠实地履行自己"澄清谬误、明辨是非"的职责使命，担负起社会责任，牢牢地守住"真实是新闻的生命"这一原则，杜绝真假难辨、时真时假的反转新闻透支、消费受众情绪与理性，而应通过扎实深入的调查采访、客观真实公正的新闻报道，引导公众保持感性与理性并行的认知与判断观念——感性观事、理性分析，引导整个社会的治理更加优化。

受众信息接受心理理论认为，社会历史进程塑造了我们的认知，受众的心理观念具有普遍的社会性、历史性属性。社群主义者同样认为，"理解人类行为的唯一正确方式是把个人放到其社会的、文化的和历史的背景中去考察"，而否认理性可以使个人完全自由地做出选择。关于正义的定义，也会依据不同受众在不同环境中产生的不同认知观念而产生一定差异。因此，改善公众传统的刻板认知观念，引导公众理性使用话语权是一个长期工程，非个人之力或外力强行改变。

改善公众传统的刻板认知观念、引导公众理性使用话语权，主流媒体肩负着不可代替的责任。只有先矫正受众对媒体的刻板印象，才能将媒体引导教化的功能落到实处。因此，当前仍然需要以媒体角度为出发点，规范新闻生产的传播流程、完善内容监管审查机制，重塑主流媒体"社会效益第一"的责任意识，重建自身公信力、权威性，从而引导公众主动选择，将关注点重新回归科学、理性的主流媒体，建立起引导公众感性观事、理性发言的有效渠道。从政府层面说，面对反转新闻所折射出的社会问题，应该树立以人民为中心的发展理念，进一步优化社会治理结构，下大力气破解社会矛盾问题，这是提升党和政府的公信力，在公众中树立"四个自信"的有效途径。进而，在党和政府的领导下，通过主流媒体潜移默化的引导，公众在发挥舆论影响力的过程中能兼顾理性与感性的统一，如此才能建立一个积极、健康、和谐的社会舆论环境。

第三节 自媒体营销放大舆情风险防范与治理

由于媒体技术的飞速发展，信息生产和传播也越来越复杂。自媒体营销号的恶意炒作问题也更加突出和严重，必须加以科学合理的治理和管理。

一、自媒体营销号问题产生的背景及表现类型

（一）自媒体营销号问题产生的背景

1. 自媒体的兴起与社交媒体的普及

随着微博、微信、抖音等平台的广泛使用，个人和小型团体拥有了直接发布信息和构建影响力的渠道。这种去中心化的信息传播方式，降低了内容发布的门槛，使自媒体营销号能够迅速崛起并积累大量关注者。然而，这也带来了内容质量参差不齐和虚假信息泛滥的问题，对传统媒体的权威性和公信力构成了挑战。

2. 内容创作的自由与规范的缺失

自媒体营销号提供了内容创作的自由空间，允许创作者根据自己的兴趣和观众的喜好生产内容。这种自由促进了内容的多样性和创新，但同时也导致了规范的缺失。一些自媒体为了追求流量和关注，可能会发布夸张、猎奇甚至不实的内容，这不仅误导了公众，也破坏了媒体生态的健康。因此，如何制定合理的规范，引导自媒体健康发展，成为一个亟待解决的问题。

3. 商业变现的压力与伦理的冲突

为了吸引广告商和投资者，一些自媒体可能会采取夸大、误导甚至不道德的手段来增加点击率和关注度。这种商业变现的压力与媒体伦理的冲突，不仅损害了自媒体的长期发展，也对社会公众的价值观产生了负面影响。因此，自媒体营销号需要在追求商业利益的同时，坚守媒体伦理和社会责任。

4. 法律法规的滞后与监管的缺失

现有的法律体系往往难以适应自媒体领域的新情况，导致一些违法违规行为得不到及时有效的制止。同时，监管部门面临着如何平衡言论自由和信息管控的难题。加强法律法规建设，提高监管效能，保护公众利益，成为解决自媒体营销号问题的关键。这需要政府、行业组织、平台运营商和自媒体创作者共同努力，构建一个健康、有序的自媒体生态环境。

（二）自媒体营销号问题的表现类型

1. 商业利益

自媒体营销号常常因追求商业利益而恶意传播虚假或夸张的信息。在"流量为王"的时代，许多营销号为了吸引关注和增加阅读量，不惜采用煽动性语言、夸大事实或编造谣言等方式制造热点话题。他们通过博取眼球的标题和内容，使受众在短时间内大量转发和传播，迅速形成所谓的"爆款"文章。营销号随后利用高流量导向，实现广告收入和商业推广的变现目的。一些营销号更是与企业或机构合作，针对特定产品或品牌发布虚假宣传内容，甚至恶意攻击竞争对手。商业利益驱动下的这种信息操控不仅扰乱了舆论环境，还给社会舆情带来了巨大的负面影响，使信息传播安全受到严重威胁。

2. 个人泄愤

一些自媒体营销号为了宣泄个人情绪，利用平台发布带有偏见和攻击性的信息，严重污染了舆论环境。比如，一些营销号运营者因与某机构、企业或个人存在矛盾，在社交媒体上发布诋毁、造谣的文章，甚至采用人肉搜索、曝光隐私等手段进行恶意攻击。这种个人泄愤型的营销号内容常常带有强烈的主观偏见和情绪化表达，引导受众对相关事件或人物产生误解与仇恨。由于缺乏事实依据，这类文章容易在社交媒体上引发公众的情绪共鸣，导致谣言和负面信息被迅速传播，对被攻击的对象造成名誉和经济损失。个人泄愤型营销号的存在，加剧了信息泡沫化和碎片化，使自媒体平台的舆论环境变得愈加复杂与恶劣。

3. 习惯性传谣

自媒体营销号中存在一些习惯性传谣的类型，它们通常缺乏基本的新闻素养和信息核查意识，经常转载未经证实的消息，或对虚假信息进行二次加工后发布。运营者往往只注重迎合受众的偏好和情绪，编造各种"标题党"内容吸引点击，而不关注信息的真实性。例如，在一些突发事件或社会热点中，这类营销号常常为了增加关注度，抢先发布未经核实的谣言，或者断章取义地解读新闻报道，制造出夸张、虚假的事件描述。由于这些内容容易激起受众的情绪反应，造成大量转发和传播，谣言迅速扩散并影响公众舆论。习惯性传谣的自媒体营销号进一步加剧了信息的泡沫化和垃圾化，使整个信息传播环境的安全性和可信度遭受严重挑战。

二、营销号恶意引爆舆情溯源及治理原理

（一）"风险的社会放大"理论根源及过程分析

"风险的社会放大"理论揭示了营销号如何通过刻意放大风险信息，引爆舆情并制造恐慌的本质。根据该理论，风险在传播过程中常被媒体或自媒体夸大或扭曲，导致受众对实际风险的感知被显著放大。营销号利用这一原理，将特定事件或问题进行选择性报道，突出其中的负

面或威胁性信息，制造出一种恐慌或紧张的氛围。通过煽动性的标题和片面的内容，他们吸引大量受众关注与分享，使舆论迅速升温。在这个过程中，社交媒体的算法推荐进一步推动了风险的传播，使受众不断被引导至同类内容中，强化了他们对问题的偏见和恐惧。风险信息在不断放大的过程中，逐渐形成恶性循环，最终导致舆情的恶意爆发。

（二）用技术应对技术带来的风险

技术在营销号引爆舆情过程中扮演了重要角色，但同样可以通过技术手段加以应对，以遏制恶意传播的风险。首先，社交平台和新闻媒体需引入更先进的算法模型，对虚假和煽动性信息进行自动识别与过滤，从而缩小虚假内容的传播范围。其次，利用大数据和人工智能技术，媒体监管机构可以实时监控网络舆情，及时发现和应对潜在的谣言传播源，确保相关部门能够在舆情恶化前采取有效措施。最后，应推动自媒体平台实施更严格的用户实名认证与内容审查制度，提高营销号运营者发布虚假信息的成本与风险。通过一系列技术手段来遏制技术带来的风险，能够在一定程度上降低恶意舆情的引爆可能性，维护信息传播的健康环境。

（三）多方协同的治理策略

针对营销号恶意引爆舆情的问题，需采取多方协同的治理策略，以确保问题得到有效遏制。首先，政府部门需加强对自媒体平台的监管与指导，制定并实施更严格的法律法规，明确惩处传播虚假信息和恶意引导的行为。同时，媒体监管机构与社交平台应密切合作，共同制定高效的内容审核与举报机制，以便在舆情爆发初期及时筛查和制止恶意传播。其次，媒体机构、教育部门和社会组织需携手提高公众的媒介素养，帮助受众理性辨别虚假信息与煽动性报道，并鼓励他们积极举报问题账号与内容。通过多方联动与协同，才能有效建立起全面的治理体系，从源头上遏制营销号恶意引爆舆情的风险。

三、自媒体营销号治理的主要思路与方略

（一）依法治网：构建自媒体营销号的法律规制体系

对自媒体营销号的治理中，法律规制是基础。当前，我国对自媒体营销号的法律规制尚不完善，存在一定的空白区域，导致一些自媒体平台在追求利润的过程中忽视了法律风险和社会责任。为了提高违法成本，减少恶意营销行为，需要加快立法进程，明确自媒体营销号的权利与义务，确立违法违规行为的法律后果。同时，加强执法力度，确保法律法规得到有效执行，建立起强有力的法律威慑力。

（二）媒介组织：自律与行业规范

媒介组织在自媒体营销号治理中承担着自我约束和行业规范的双重责任。相较于个人自媒体，媒介组织通常具有更为规范的管理和更为严格的内容审核机制。媒介组织应积极发挥示范作用，通过建立和完善内部管理制度，加强自我审查，确保发布的内容真实、准确、健康。此

外，媒介组织还应积极参与行业标准的制定，推动形成行业自律机制，共同维护良好的网络传播秩序。

（三）技术手段的运用：建立科学的事实核查机制

随着媒介技术的发展，特别是大数据、人工智能等技术的应用，为事实核查工作提供了新的可能。通过建立科学的事实核查机制，可以有效识别和过滤虚假信息，减少恶意营销号的生存空间。同时，技术手段还可以用于监测和分析自媒体营销号的行为模式，为监管部门提供决策支持，从而提高治理效率。

（四）提升受众媒介素养：培养理性的信息消费习惯

在信息泛滥的时代，受众需要提高自身的媒介素养，培养理性的信息消费习惯。这包括对信息来源进行甄别，对信息内容进行批判性思考，避免盲目跟风和情绪化反应。同时，受众还应积极参与对网络空间的监督，对发现的违法违规行为及时举报，形成全社会共同参与的治理格局。通过提升受众的媒介素养，可以从根本上减少恶意营销号的生存土壤，促进自媒体传播的正向发展。

第四节　新闻传播与版权维护

新闻版权问题一直都存在，而随着数字技术和网络传播技术的飞速发展，新闻传播已进入了网络时代，新闻版权的侵权行为也随之增加。以防不胜防的渠道、多维度方式非法转载新闻，侵犯了著作权人的信息网络传播权，点燃了盗版侵权的四面狼烟，不仅严重伤害了记者、编辑创作及创新的热情，还严重影响原创媒体的收入及传播力。

因此在当下传统媒体发展受到威胁、网络媒体发展又良莠不齐的环境下，亟需通过新闻版权来规范行业的发展。对此，一方面可以借鉴其他国家和地区的成功经验，另一方面需要完善法律法规，而最重要的则是要培养和提高大众的版权保护意识，变被动为主动，从根本上改善新闻版权的现状。

一、网络环境下新闻作品版权侵权的主要方式

（一）照搬照抄

在网络环境下，新闻作品版权侵权的最直接方式之一便是照搬照抄。侵权者未经授权便将他人的新闻作品完整地复制粘贴到自己的自媒体平台、博客或网站上，以获取流量或收益。这种行为不仅包括文字报道的原样复制，还涉及对图片、音频和视频的盗用。侵权者通常为了提高其平台的内容质量或吸引更多关注，不加改动地照搬其他媒体平台的内容，有时甚至直接去掉原作者的署名或水印，给受众造成误导，以为这些作品是由侵权者原创。这种方式严重侵犯了新闻作者的版权，不仅损害了新闻机构的经济利益，也让原创作者的努力被抹杀，影响了新闻行业的整体公信力与原创积极性。

（二）改头换面

改头换面的侵权方式是指在网络环境下，一些侵权者通过对原新闻作品稍加修改，掩盖其抄袭的本质。这类侵权通常以"洗稿"的形式出现，即将他人原创的新闻作品经过同义词替换、段落顺序调整等方式，将内容重新包装，使其看似是由侵权者原创。改头换面不仅体现在文字报道上，还包括对视频或音频内容的剪辑与拼接。例如，侵权者可能将他人原创的采访视频进行重新剪辑，将采访内容断章取义或拼凑在一起，以此达到"洗稿"的目的。这种行为表面上看起来是对新闻内容的二次创作，实则本质上仍是对原创作品的抄袭，严重侵害了新闻作品的版权。

（三）藏头去尾

藏头去尾是指侵权者通过删减新闻作品内容以掩饰其抄袭的行为方式。在这种方式下，侵权者只保留原创新闻作品的部分内容，例如删掉导语和结尾，将核心内容作为自己的作品进行发布，以降低被发现抄袭的风险。侵权者往往会通过重新配图、改写标题或附加评论等方式，让读者以为这些内容是其原创的。通过删减新闻作品的部分内容，侵权者既能够保持核心信息的完整性，又可以缩短受众的阅读时间，以提高文章的吸引力。然而，这种行为无疑侵犯了原创作者的权益，因为它削弱了新闻报道的完整性与准确性，同时也模糊了作品的来源，损害了新闻机构的声誉和经济利益。

（四）链接聚合

链接聚合是通过将他人原创新闻作品的链接进行集中汇总或嵌入自有平台的方式，以获取流量和广告收入的侵权行为。侵权者往往会建立一个包含大量新闻链接的聚合页面，供用户浏览和点击。这些聚合页面通常以自动抓取的方式收集新闻链接，并使用诱导性标题或摘要来吸引用户访问。虽然侵权者没有直接复制新闻作品的内容，但通过链接方式进行的侵权仍然影响了原新闻机构的合法权益，因为用户直接在聚合页面浏览，减少了对原创新闻网站的访问。此外，有些聚合页面还会嵌入广告，从中获取收益，而这些收入本应属于原创新闻机构。链接聚合不仅严重影响了新闻机构的流量与收益，还削弱了用户对原创内容的认知与价值判断。

二、有效保护新闻版权

（一）完善法律法规，建立网络版权保护长效机制

1. 完善对"时事新闻"的规范定义

时事新闻通常被认为是公共领域的开放信息，不受版权法保护，但这一定义容易被滥用，导致一些侵权者借此之名剽窃原创新闻作品。因此，法律法规应对"时事新闻"进行规范定义，划清报道事实与独特表达之间的界限，以明确什么样的新闻内容可以被公开引用。通过完善定义，可以有效地保护新闻机构的原创作品，使其在报道事实的基础上，依然能够得到内容表达上的版权保护，打击抄袭和洗稿行为，从而提升新闻行业的创作积极性。

2. 放宽新闻作品版权侵权认定标准

现行版权法规对新闻作品的侵权认定标准较为严格，导致许多原创新闻作品无法得到充分保护。为了更好地打击侵权行为，应适度放宽侵权认定的标准，让原创新闻作品能够更容易获得版权保护。例如，可以降低"实质性相似"认定的门槛，将内容表达的相似性与细节重合作为判断抄袭的依据，特别是对于洗稿和改头换面等侵权方式，应当加强审查力度，确保原创新闻机构的合法权益得到保障。放宽侵权认定标准将有助于遏制自媒体营销号和聚合平台的剽窃

行为，促进整个新闻行业的良性发展。

3. 确认独家新闻等原创报道优先权

独家新闻和深度原创报道应当享有优先权，以确保新闻机构的独特发现与深入挖掘得到应有的回报。对于通过独立调查和采访获得的独家新闻，应明确新闻机构在一定时间范围内的独占权，防止其他媒体或自媒体未经授权复制或引用这些报道。与此同时，对于深度调查报道、数据新闻等需要投入大量资源和时间的原创作品，法律法规也应确保新闻机构在新闻发布后的一段时间内享有优先发布权。确认独家新闻与原创报道的优先权，将激励新闻机构继续深入挖掘重要新闻线索，提高媒体整体的报道质量和独立性。

4. 给"避风港规则"设定严格限制

当前的"避风港规则"保护网络平台免受用户上传侵权内容的法律责任，但这一规则容易被滥用，成为侵权者逃避制裁的借口。因此，有必要对"避风港规则"设定严格限制，明确网络平台在版权保护上的责任。首先，平台应建立健全的侵权内容审查与举报机制，及时下架或屏蔽涉嫌侵权的内容。其次，对于反复上传侵权内容的用户，平台应采取警告、限制或禁用账号等措施，防止其继续实施违法行为。此外，平台在接到版权方的合法通知后，需在规定时间内采取有效行动，否则应承担相应的法律责任。通过设定严格的"避风港规则"，可以敦促网络平台积极履行版权保护义务，遏制侵权内容的传播。

（二）大胆采用合规技术策略，加强版权保护

摒弃错误的版权观、加强自身版权法务管理外，有针对性地实施多项技术保护措施，也是传统新闻版权保护的重要一环。

1. 技术壁垒法：禁止复制转载

技术壁垒法旨在通过技术手段直接阻止新闻作品的未经授权复制与转载。媒体机构可以在网站或自有平台上部署反盗版技术，如防止右键复制、屏蔽截图和文本抓取等，减少新闻内容被轻易复制或下载的可能性。此外，为了进一步强化版权保护，机构可利用数字水印、加密传输等方式为每一篇新闻作品设定独特的标识与安全验证，确保新闻内容在发布和传播过程中能够追溯到原创作者。尽管技术壁垒并非绝对安全，但它可以为潜在的侵权者设置一定障碍，使复制与转载行为变得更加困难和不经济，从而有效遏制未经授权的侵权行为。

2. 依葫芦画瓢法：自建"两微一端"

媒体机构可以自建"两微一端"来发布和传播原创内容，即开设微信公众号、微博账号并开发独立的新闻客户端，以此构建自有的新媒体生态系统。通过在这些平台上发布新闻作品，机构可以有效掌控内容发布与传播的渠道，并对用户行为进行精准的数据分析，以改进新闻作品的内容策略。同时，结合平台特性推出独家策划、直播等互动性内容，可以吸引受众直接通

过官方渠道阅读新闻，减少营销号等第三方平台对原创内容的复制与盗用。此外，依托自有的"两微一端"生态系统，媒体机构能够建立用户的忠诚度和品牌价值，确保原创新闻作品得到更好的传播和保护。

3. 置入打标法：不易去掉烙印

置入打标法是一种在新闻作品中嵌入防伪标识的方法，确保内容在传播过程中始终保留原创烙印。媒体机构可以在视频、图片和文字报道中加入无法轻易移除的数字水印或标识，使任何未经授权的复制与传播行为都会保留原创信息。即使侵权者试图对作品进行剪辑、改写或截取，打标法仍可确保受众识别出内容的真正来源。此外，机构可采用区块链等先进技术，为每篇新闻作品建立唯一的数字证书，以确保原创作品的来源能够得到验证并防止侵权。通过置入打标法，媒体机构能够在一定程度上追踪新闻作品的传播途径，并在发现侵权行为时提供确凿的证据。

4. 自动监测法：利用算法检索侵权

自动监测法利用人工智能和大数据算法，对互联网进行实时监测，自动检索并识别疑似侵权的新闻作品。媒体机构可以设立专门的监测系统，通过爬虫技术和文本相似度算法，在各类自媒体平台、新闻网站和社交媒体上搜寻与原创新闻内容相似的文章或视频。监测系统能够通过关键词匹配、语义分析和图像识别等技术，迅速定位未经授权的转载和抄袭行为。发现疑似侵权内容后，系统会自动向相关平台发出下架或删除通知，确保侵权行为能够得到及时遏制。通过这种方式，媒体机构可以在不依赖人工审核的情况下，对网络上的侵权行为进行全天候监控，提高版权保护的效率并扩大覆盖范围。

（三）尽快完善法律法规制度

当前的法律体系在应对数字时代的版权侵权问题时显得滞后和能力不足，需要对新闻版权的具体保护条款进行详细修订。首先，应明确新闻作品的版权保护范围，界定原创报道的受保护要素和独家权利，以打击洗稿、盗版转载等侵权行为。其次，需完善惩罚机制，加大对侵权者的处罚力度，提高违法成本，确保媒体机构能够通过法律途径追究侵权责任。此外，还应建立跨平台的版权协同机制，确保各网络媒体在新闻版权保护方面通力合作，共享信息，形成有效的合力。完善的法律法规制度不仅能够震慑潜在的侵权行为，还可以为新闻机构的维权行动提供法律依据，推动版权保护机制的全面落实。

（四）着力提高公民的版权意识

要从根本上改善新闻版权的保护环境，关键在于着力提高公民的版权意识。首先，教育机构和媒体应通过专题宣传、课程培训和公益广告等方式，向公众宣传新闻版权保护的重要性，使其知晓未经授权使用新闻作品的法律风险和道德后果。媒体机构可以在自有平台上设置明显的版权声明，并引导受众通过正规渠道获取新闻资讯，避免浏览和传播来源不明的内容。其次，社交媒体和自媒体平台应在用户注册和发布内容时增加版权提示，确保用户意识到相关规范和责任。版权意识的提升将使公众在信息分享和传播时保持谨慎，从源头上减少对原创新闻作品的侵权行为，逐步形成尊重知识产权的社会氛围。通过长期的宣传与教育，公众将更好地认识到保护新闻版权的重要性，推动版权意识成为社会共识。

第五章　数字媒体对公众参与新闻的影响

第一节　媒体传播与公众文化心理

一、媒体传播中的大众文化心理因素

新媒体传播改变了传播的方式和方法，新媒体传播的特征是传播焦点易于转移，传播速度快、范围广，传受主体易于受到情绪的激发。除了传播技术带来的巨大改变，我们可以从人们的文化心理层面来解读这个问题。

（一）感性认识的强化和依赖

综观媒介的发展历史，我们可以看到，从报纸到广播再到电视，再到新媒体，这是一个媒介使人们的感官不断延伸的过程。人只能居于一隅，要想了解广大的世界，只能充分地发展感官，媒介的一个重要使命就是满足人们想要了解和探索世界的欲望。从印刷文字的阅读中了解世界，人们运用的是最普通的感知世界的方式——视觉器官，但是单单看到文字还不足以了解这个世界，人们还需要运用大脑进行逻辑思考，然后完成对世界的认知。头脑中进行的对世界的认识，是一种主观性较强的认识，也就是说，离世界的本真还有一段距离。随着媒介的发展，人们的感官被不断地延伸，人们对世界的认识也开始一步一步地接近世界的真相。媒介在展示世界的真面目时，帮助人们通过延伸感官来获取世界的真相。从原来的视觉器官的运用，到听觉器官的开发，再到电子时代视觉和听觉器官的同时运用，再到新媒体时代，听觉、视觉和触觉的全方位地开发运用，人们的感官得到了前所未有的延伸。人们想让事物在空间上更靠近，更易接触和感知，人们更偏向于用感性的方式去接触这个世界，因为他们觉得这样获得的感受更加真实可信。在传统媒介的世界中，人们对于世界的体验更多是单向度的，其中，理性在其社会判断和社会决策中起着主导性的作用。而新媒体以全通道传播的方式让人们能够更加真切地感受这个世界的方方面面，其感性判断得到了极大调动和激活，并越来越多地参与到社会认知和社会决策之中。

人们感官的无限延伸，取代了单纯的对文字和图像的凝视背后的逻辑思考和认知。人们的感性认识和理性认识好像要在一个整体中达到平衡，一方的增加要以另一方的减少为代价。人们的感官得到延伸，相应的，理性的逻辑的认知受到限制；通过感官可以快速地感知这个世界，

而深入的思考则被忽略。新媒体用多种媒介手段所呈现的世界是丰富而立体的，而且是直观的，这让人们相信自己的感官所感觉到的世界是更真实的。人们越来越多地依赖感官去感知世界，这就使人们更容易受到情绪的左右，更看重个人的感受而非理性的深入的思考。自媒体的盛行，使每个人都有了麦克风，人们在微博、微信上能够随时发布信息。而由于对于个人感性认识的注重，在只有140个字的微博上，人们随时随地表达个人的即时感受成为普遍的现象。这种浅显的个人感觉的表达，充满情绪化的色彩，易于感染他人，也容易被忽略。由于感官的无限延伸，理性和逻辑思考的能力却在减弱。媒介为大众提供的信息产品非常丰富而全面，人们享受着信息时代的便利，但是媒体代替了人们去思考，人们不知不觉地依赖上感官的认识，思考的能力和深度却在不断地退化。在新媒体新闻传播过程中，思考的人是少数的，大多数人都受情绪的指引表达自己的立场和观点。这就形成了新媒体新闻的传播特征，那就是传播主体易于受到情绪的激发，传播的焦点也因为情绪的高涨和低落而移位。

（二）自我意识的强化

在传统媒体的传播过程中，受众处于一种被动接受的状态。传统媒体作为把关人，它传播什么，受众就知道什么，受众对这个世界的认知是被动的，是单一的。但是在新媒体传播环境中，人们的自我意识得到强化，对自我的身份认同逐渐加强。

1. 新媒体提供丰富的媒介产品

受众的身份变为用户，用户对媒介产品的使用不再是被动地接受，而是可以在大范围内主动进行选择。在这个主动选择的过程中，用户的自我意识凸显。在媒体传播的过程中，人们开始感觉到"我"的存在，他们发现自己有了选择的权利，并且能根据自己的喜好进行随意地选择。人们通过媒介产品了解到的是他们想了解的世界。

2. 新媒体提供用户自我展示的平台

在新媒体时代，人们可以很便利地在网络上拥有自己的私人空间。但是网络上的私人空间并不是封闭的，而是开放的，它成为人们展示自己的平台，而且乐于被了解，被围观和关注。在被围观和关注的过程中，他们通过别人的认可来实现自我确认，从而实现内心的满足。网络社区、论坛、微博的使用也使受众在传播链条上的位置发生了极大变化。他们从受众的身份可以摇身一变为传播者，他们可以发出自己的声音，成为传播者或者参与到传播过程当中。在新媒体事件的传播过程中，他们看到了自己的力量。当人们作为事件的原初传播者被关注的时候，他们感到了自己在认识这个世界当中的力量。当人们作为事件的参与者推波助澜的时候，他们感觉到自己推动历史进程的力量。无论是作为传播者还是参与者，这种能够公开展示自己的自信，是大众自我意识强化的一个重要步骤。在新媒体环境中，无论是草根还是贵族，都处于一个平等的虚拟环境中。只要传播的新闻是值得关注的，大家就不会去计较传播者的身份。在这里，人人都有可能被关注，只要你能展示自己。而在展示自己的过程中，传播者的自信逐步建立并加强。

3. 身份认同的力量

个体的力量是单薄的，而在新媒体空间，可以迅速实现人群的大量聚集，从而形成巨大的合力。这种合力，源自大众对自我身份认同的需求。尤其是在众所瞩目的热点事件中，发言表态和站队是大众自我身份认同需求的表现。人们需要表现出自己的立场和观点，并且希望能融入一个合力当中，来使"自我"得到更多的认同和支持。在很多的新媒体事件中，事件本身在网民热烈的讨论中慢慢失焦，事件的讨论范围升级放大，最后转变为全民反躬自省和身份认同。

4. 个性的解放

在规则林立、等级森严的现实社会中，人们往往需要压抑自己的个性才能在社会中立足。如果锋芒毕露，就会被现实社会无情地打击和抛弃。而在网络社会中，真实身份的隐藏，相对平等自由的空间，使人们几乎可以无所顾忌地袒露真实的个性，比如现实中不敢表达对上司的不满，在网络中可以尽情表达。网络空间中的个性解放，使人们更加看重自我的内心感觉，并且乐于在网络空间中倾诉和宣泄。而在这种倾诉和宣泄中，人们的自我意识加强了。

二、媒体环境下的大众文化心理类型

传播学的早期研究者、加拿大的尼尔斯和麦克卢汉都强调了媒介给人们和社会带来的各种变化。新的媒介会对社会形态和社会心理产生重要的影响。那么，在新媒体环境下，大众文化心理呈现什么样的状态？

（一）自由和平等的心理诉求

自由与平等，是人类发展的理想状态，也是人性中的本质要求。所谓的理想状态，是在现实中受到限制，难以达成的状态。相对于现实世界来说，新媒体构成的虚拟空间更具开放性。人们在网络空间中，享受着自由发布信息和传播信息的便利，享受着比较平等的话语权力。网络匿名制，就像假面舞会中的面具，无论现实中的你是王子还是乞丐，都能在面具的遮掩下随意表演，而无论是对于演出者还是观众，身份并不重要，其在网络世界中的地位是平等的。

（二）娱乐和宣泄

对于广大网民来说，利用网络象征性地实现财富和权力梦想，并不是他们网络活动的主要目的，娱乐和宣泄对于才更具有网络狂欢的意义。人们在网络上使用各种有趣的网络语言戏谑和娱乐，从而放松身心，逃避现实世界的沉重感。对于新媒体新闻中的事件主体，除去一些冲破道德和法律底线的众矢之的类的事件，他们更多的是以一种戏谑的态度围观和参与，例如各种网络恶搞。对于网民来说，新媒体新闻事件中的主体的是是非非，他们并不是很关注，他们所关注的是，自己从这个事件中获得的娱乐快感，或者在对新闻事件主体的嬉笑怒骂中宣泄自己在现实生活中压抑的某种情感。

（三）对抗和身份认同

在新媒体新闻传播中，由于网民对话语权的争夺，以往媒体建构的仪式化的传播方式已经被取代，而"新公共空间的特征便是散布各式各样互相对抗的不协调的影像"。在网络空间中，对抗几乎随处可见。对抗类型的身份认同源自处于不同社会地位和条件的角色，与社会机构之间处于原则对立而被贬损，由此而形成的处于对抗的用反排斥来形成自我保护的排斥行为，最终加深了对已有的共同身份的认同。网民们通过对抗来表达对既有社会不公的怀疑和敌对态度，同时，又因为对抗而形成了对彼此身份的认同，结成了更牢固的思想上的统一战线。

（四）展示和围观

在新媒体环境下，低门槛的准入限制，给大多数人提供了表现和展示的广阔平台。传统媒体一般会对展示者进行严谨选择和层层把关，最终能把自己展示给广大观众的只是少数人。而在新媒体环境下，多数人都可以用不同的方式来展示自己，平台也多种多样，可以通过博客发表文章或日志，可以通过微博发布见闻，可以通过论坛发起话题和讨论，可以通过视频网站发布视频，只要你的展示新奇有趣，就能吸引眼球，而旁观者越多越能引起展示者的兴奋。

马斯洛的需求理论把自我实现需求作为人的高级需求。在新媒体环境下，展示和被围观成为网民自我实现的一个方式。而围观的人，也会因为参与了一起吸引眼球的新闻事件而沾沾自喜。例如在名人博客，抢到回复第一楼者，即是坐上名人博客沙发的人，由于抢夺者多，所以即使不发表任何评论，能坐上沙发就已经喜不自禁。这种以形式替代内容的做法，表示了网友参与的热情。围观的另外一种态度是看客心态。事件的主体比较刺激和吸引眼球，但又不足以冲破道德底线，这时围观者就以一种看热闹的心态旁观事态的发展，给自己的生活增添一点作料。

第二节 媒体新闻公众自传播

随着数字技术在信息传播领域的广泛应用，新的媒体形态也应运而生，例如网络、手机、数字化的报纸广播和电视。新媒体以新的数字技术为基础，从马歇尔·麦克卢汉（Marshall McLuhan）提出"媒介即讯息"的观点以来，人们对技术改变了信息传播的方式和内容给予了越来越多的关注。

在以数字技术为核心的新媒体环境下，传统媒体的点对面的新闻传播模式发生了改变。在新媒体形成的公共空间内，大众自传播已经成为相当强大的传播力量。而形成这股强大的传播力量的重要因素——大众文化心理不容忽视。

一、大众自传播的媒体新闻事件类型

网民们进行自传播的媒体新闻类型，可以通过反复出现的几大类新闻事件来分类。虽然媒体中的新闻事件层出不穷，但网民们最关注、反响最强烈的事件是有类似内容的。

（1）娱乐事件

在网民们表现出来的娱乐和宣泄的心理需求的前提下，新媒体上的娱乐事件每每广受关注，例如明星八卦、网络红人等。明星八卦在传统媒体也是受大众关注的话题，但是在新媒体中，明星八卦被挖得深之又深，挖掘的深浅程度视网民的兴趣而定。

（2）道德事件

道德是一个社会传统的约定俗成的行为规范，道德失范者，未必会被法律网罗，却会被社会公审。而网民们往往充当了审判官。

（3）法律与社会公正事件

崇尚自由与平等的大众文化心理诉求，使法律与社会公正的新闻事件备受网友关注。

（4）民族主义事件

民族主义事件一向是网民运动的强心针和催化剂。由于长期以来的传统文化影响，民族和历史的观念深入人心，因此，有历史渊源的国际冲突和外交事务，最为吸引热血青年的关注。

二、媒体新闻大众自传播特性分析

（一）媒体新闻大众自传播焦点易移位

在媒体新闻的自传播过程中，受众的传播焦点往往容易发生移位。大众在自媒体平台上获取新闻信息时，通常会对新闻内容进行选择性解读，并结合自身的兴趣和立场进行传播。在此

过程中，受众容易对新闻报道中的某一细节、观点或情节产生强烈共鸣，进而将关注的焦点从原本的新闻事件整体移向具体的细节部分。这种传播焦点的移位导致新闻事件的整体脉络被割裂，原本的重要事实和背景信息逐渐被边缘化，而次要的甚至扭曲的信息却被放大，造成信息传播的偏颇。媒体新闻的焦点移位现象不仅会影响受众对新闻事件的全面认知，还可能加剧舆论的情绪化和片面化，最终导致舆论的失控和传播秩序的混乱。

（二）情绪和情感的激发程度是大众自传播强度的重要因素

1. 共鸣性情感激发与自传播动力

共鸣性情感激发是大众自传播强度的重要驱动力之一。当新闻内容引发受众的共鸣性情感，如愤怒、喜悦、同情或悲伤时，受众会因为这种情感联系而产生分享的冲动。例如，一则关于社会不公的报道可能激起受众的愤怒，使他们积极转发以表达自己的不满；而一篇关于战胜疾病或脱贫的报道则能激发受众的喜悦和希望，使他们愿意将内容分享给朋友或家人。共鸣性情感激发不仅能让受众在自传播过程中找到情感认同，还能使他们在分享内容时产生心理上的满足感与成就感，从而提高自传播的强度和持续性。

2. 情绪张力与传播话题的叠加效应

情绪张力是指新闻内容中情绪的强烈程度，它对自传播的强度起着显著影响作用。情绪张力高的新闻内容，如涉及恐惧、愤怒、悲伤或震惊等强烈情绪的报道，更容易在短时间内引发受众的强烈反应，使其产生立即分享的冲动。例如，重大灾难、社会犯罪、政治丑闻等新闻事件通常具有极高的情绪张力，常常引发广泛的自传播。同时，传播话题的叠加效应也会放大这种自传播强度，即当一篇报道与受众关注的热点话题或社会问题相契合时，其情绪张力将得到进一步强化，激发更多的受众参与传播。因此，新闻机构在策划内容时，应注重情绪张力的设计与传播话题的叠加，使新闻报道更具传播力。

3. 社会情感归属与自传播动机

社会情感归属是受众自传播新闻内容的重要动机。当新闻内容能够满足受众的社会情感归属需求，如获得他人认可、表达群体认同或彰显社会责任时，受众更愿意积极分享该内容。例如，公益活动或爱心救助的报道能够激发受众的社会责任感，使其通过自传播展示自身的善意与正能量；而涉及民族自豪感或国家成就的报道则能让受众产生群体认同，使其通过分享新闻内容强化归属感。此外，受众还可能通过自传播与朋友或同事建立情感联系，形成一种社交互动的归属体验。因此，新闻机构在策划报道时，可以更多地关注受众的社会情感需求，使内容更具感染力。

（三）大众自传播控制力弱

1. 信息来源多样性增加真伪辨别难度

在数字媒体时代，大众通过社交媒体、自媒体和即时通信工具获取新闻信息，这些渠道的多样性增加了辨别信息真伪的难度。传统新闻机构往往具备专业的编辑审核流程，确保信息的准确性和权威性；而自媒体和社交媒体上的内容生产者受限于专业能力和审核机制，发布的新闻信息质量参差不齐，甚至可能包含虚假或误导性内容。此外，社交媒体平台上的算法推荐机制会根据用户的兴趣偏好推送信息，使受众更容易被虚假信息误导。因此，在面对海量信息时，大众难以准确判断新闻的真实性，导致自传播控制力弱，进一步加剧了虚假信息的扩散和传播。

2. 情绪驱动削弱理性判断与传播自控

情绪驱动是新闻自传播的重要特性之一，但它往往会削弱受众的理性判断与传播自控力。当新闻内容触发强烈的情绪反应，如愤怒、恐惧、喜悦或悲伤时，受众更倾向于立即分享内容，而不会仔细核实信息的准确性。例如，涉及社会不公、自然灾害或公共安全等事件的新闻报道容易激起大众的恐惧或愤怒，使其产生迅速分享的冲动，而忽视信息的真伪和来源。此外，情绪驱动还可能使受众在分享新闻时加入个人的主观评论或情感标签，进一步扭曲了信息的原始含义。因此，情绪驱动在增强新闻自传播的同时，也削弱了受众的理性判断与传播自控力。

3. 信息过载导致选择性认知与传播偏差

在信息过载的环境下，大众往往只能关注自己感兴趣的信息，导致选择性认知与传播偏差。受众在面对大量新闻内容时，通常会根据自身的价值观、兴趣偏好和社交圈子，选择性地关注与自己观点一致或与自身利益相关的内容。社交媒体平台的算法推荐机制也助推了这种"信息茧房"现象，使受众被局限在相对封闭的信息环境中，无法全面、客观地获取新闻信息。因此，受众在自传播过程中容易产生传播偏差，忽略与自己观点不同的声音，进一步强化自身的固有认知。此外，信息过载还可能导致受众疲劳，使其只依赖标题或摘要分享新闻内容，忽视信息的完整性和准确性。

（四）大众自传播的意见领袖作用显著

1. 社交媒体赋予意见领袖强大的影响力

社交媒体为大众自传播中的意见领袖赋予了强大的影响力，使他们能够通过自身的号召力引导舆论方向。意见领袖通常在特定领域拥有专业知识或独特见解，并积累了大量忠实的粉丝。例如，科技博主、政治评论员或社会活动家等意见领袖，凭借自身的专业性和影响力，在发布相关领域的新闻评论或观点时能够迅速引发粉丝的共鸣与讨论，推动信息的快速扩散。此外，社交媒体平台上的转发、点赞和评论功能进一步放大了意见领袖的传播效应，使他们的声音在短时间内覆盖更广泛的受众群体，进而影响公众的认知与行为。

2. 意见领袖的价值导向塑造受众认知框架

意见领袖的价值导向在大众自传播中具有显著的塑造作用，通过自身的观点和立场影响受众的认知框架。例如，当某一新闻事件发生时，意见领袖会从特定的角度进行解读，并提供相应的价值判断，这种解读方式会直接影响粉丝对事件的认知与态度。对于意见领袖而言，对信息的解读不仅是为了传播事实，更是为了表达自己的立场和观点。因此，受众在接收到意见领袖的内容时，往往会无意识地接受其价值导向，将其观点内化为自身的认知框架，进而在新闻传播中表现出较强的认同倾向，强化意见领袖的影响力。

3. 意见领袖在舆论引导中扮演双重角色

在大众自传播中，意见领袖扮演着舆论引导的双重角色：既是新闻信息的传播者，又是公众情绪的引导者。作为传播者，意见领袖通过对新闻事件的评论与分享，使信息在特定圈层内迅速扩散，放大新闻的传播效应；作为引导者，意见领袖能够利用自身的影响力引导公众情绪，激发粉丝对新闻事件的关注与参与。例如，在某些公共事件或社会议题中，意见领袖可以通过发起话题、评论时事、组织活动等方式，引导粉丝对事件的立场和态度，从而推动更广泛的社会讨论与行动。可见，意见领袖的双重角色在大众自传播中发挥了关键作用，既推动新闻信息的传播，也塑造了公众的舆论环境。

第三节 公众新闻的情绪化转向

一、公民新闻情绪化表现的内在动机

公民新闻肇始以来，在社会重大事件领域都有着举足轻重的作用。在社交媒体的加持之下，信息快速互补和社会意见加快流通，公民生产传播新闻的效率大大提高。在这样的背景下，一方面呈现出公民新闻快速繁荣的景象，但在另外一方面，大量涌入的生产传播个体难免也会走向极端，在众多具有争议性的社会新闻事件中，由于个体在教育背景、社会阶层、利益喜好、个人经验等方面的差异，会出现焦点偏离、议题转换、过度追究等现象。这些现象是公民新闻情绪化的后果，其背后也是在如今复杂多变的社会中隐藏的个人动机。新闻也从公共性向私人性降维，个人诉求占据公共诉求，共享视角坍塌。

（一）公民新闻中的个人利益因素

1. 通过曝光获取关注和支持

在公民新闻中，个人利益因素常体现在试图通过曝光事件或问题来获取更多关注和支持的行为。许多公民记者希望利用社交媒体的传播力，将自己的遭遇或所见所闻转化为广泛的社会话题，以争取舆论和公众的同情与声援。例如，遭受不公待遇或面临困境的个人常常将自己的经历发布在社交媒体上，以引起公众的注意，希望得到社会各界的帮助或相关机构的介入来解决问题。这种行为在一定程度上能够推动社会问题的曝光与解决，但同时也容易让个人将注意力从问题的核心本质转移到自身利益上，从而掩盖了更深层次的社会矛盾，使事件复杂化。

2. 借热点事件打造个人品牌

公民新闻中的个人利益还表现在一些公民记者借助热点事件来打造个人品牌。他们往往通过发布与热门社会事件相关的报道、评论或视频内容，以吸引更多的关注和粉丝。通过这种方式，公民记者不仅能够迅速提升自身的知名度与影响力，还可能将流量转化为商业机会，实现自身利益的最大化。然而，这种方式在一定程度上削弱了新闻报道的客观性与真实性。一些公民记者为了追逐热点或制造舆论效应，可能会过度解读或歪曲事实，甚至刻意夸大问题的严重性，迎合受众的猎奇心理。这种行为不仅损害了公民新闻的公信力，也容易引发对热点事件的情绪化炒作，给社会舆论环境带来负面影响。

3. 借助信息传播获取经济收益

一些公民记者借助信息传播在公民新闻中获取经济收益。他们通过在自媒体平台上发布新闻内容、评论或直播报道，依靠广告、赞助或用户打赏等方式，将个人内容创作与经济利益挂钩。虽然这种方式可以激励更多人参与到新闻报道中，推动社会事件的曝光与讨论，但同时也让公民新闻在商业利益的驱使下产生了不良影响。例如，为了获取更多流量与打赏，一些公民记者可能会发布未经核实的新闻或煽动性言论，甚至制造谣言，以吸引眼球。这种将信息传播商业化的行为使新闻报道陷入了逐利的泥潭，侵蚀了公民新闻的客观性与专业性，破坏了其作为公众监督工具的可信度。

（二）公众情感诉求的驱使

1. 同情心的激发与共情效应

公众的情感诉求往往受同情心的驱使，激发出强烈的共情效应。公民新闻通过对弱势群体、受害者或社会不公现象的报道，能够迅速引起公众的共鸣与同情。例如，报道贫困山区的儿童教育问题、城市中的流浪者生活现状或环境污染导致的健康危机，常常能够唤起公众对社会问题的关注与讨论。许多公民记者利用这种共情效应，将受众的同情心转化为实际的行动，如募捐、志愿服务或在线支持，以帮助新闻中的当事人摆脱困境。然而，这种共情效应也可能被滥用，一些公民记者为吸引眼球，不惜夸大事实或利用煽情的叙事手法，造成新闻事件的情绪化与失真，使受众的同情心成为被操控的工具。

2. 群体认同感的建立与强化

公民新闻通过报道某一特定群体的利益诉求或文化价值，能够唤起公众对自身群体身份的认同。例如，对地域、职业、兴趣爱好等不同群体的代表性事件进行报道，能够增强该群体内部的凝聚力与归属感。同时，这种认同感往往促使受众在社交媒体上积极传播与讨论相关内容，形成舆论的共振与放大效应。然而，在追求群体认同的过程中，公民新闻有时会过度放大群体间的对立与矛盾，将复杂的社会问题简化成"我们"与"他们"的二元对立，激化不同群体间的情绪冲突与偏见，使新闻事件演变成群体情绪宣泄的工具。

3. 社会正义感的驱动与情绪宣泄

社会正义感的驱动让公众对公民新闻中的不公事件产生强烈的情绪反应，往往引发公众的集体情绪宣泄。例如，对贪腐、权力滥用、企业违法等事件的曝光，能够迅速激起公众的愤怒情绪，使他们自发在社交媒体上形成声讨与谴责的舆论风暴。公民记者通过对社会不公现象的报道，触发了公众维护正义的情感诉求，并推动他们将舆论压力转化为实际行动，以促进问题的解决。然而，这种情绪宣泄往往伴随着理性思考的缺失和事实判断的偏差。一些公民记者利用公众的正义感和情绪反应，刻意夸大事件的恶劣程度或扭曲事实，将新闻事件过度娱乐化或情绪化，最终导致舆论的失控与公众认知被误导。

（三）共享视角的分化瓦解

1. 信息分众化导致共享视角瓦解

信息分众化使不同群体在公民新闻中形成了各自的视角，缩小了社会对新闻事件的共享视角。在自媒体与社交网络的环境下，新闻受众往往根据自己的兴趣、立场和身份认同选择新闻内容，导致不同群体只关注与自身相关的报道。信息分众化加剧了公众在新闻消费上的分裂，使各自的视角与观点无法在共同的讨论空间中相互碰撞，难以形成共享视角。各个群体在新闻事件上的认知与判断因此变得截然不同，难以在公共舆论中达成一致，反而会因为缺乏互相理解而加剧彼此的对立。

2. 新闻议程的差异导致视角分化

不同新闻机构和公民记者在选择报道的新闻议程上存在差异，进一步导致共享视角的分化。公民记者和新闻机构基于自身的立场、关注点和目标受众，倾向于报道与这些因素相契合的议题，形成了各自的新闻议程设定。例如，一些新闻机构可能主要关注政治、经济类新闻，而自媒体上的公民记者则可能偏重于社会问题、文化娱乐等方面。这种差异性使不同群体获取到的信息在议题上各不相同，难以形成共享的新闻议题或观点，受众之间难以达成共识，使社会在重要事件上的舆论日益多元与分化。

3. 社交媒体的算法强化了信息隔离

算法推荐机制根据用户的浏览记录、点赞分享等行为数据，为其推送符合其兴趣和观点的内容，形成"信息茧房"。受众因此不断接触到与自身立场和认知相符的信息，逐渐对与自身观点不同的内容产生隔离与排斥。这种算法机制强化了新闻传播中的视角分化，使不同立场和观点的受众在公民新闻中始终停留在各自的"信息孤岛"上。社交媒体平台上的讨论也因此日益同质化，难以包容不同声音的交锋与互动，共享视角被进一步瓦解。

二、社交媒体：公民新闻情绪化的技术条件

如今网络新闻已经成为新闻的主要形态，同时在移动端接收新闻也已成为主流。社交媒体成为连接众多网络用户的主要平台，近十年以来逐渐呈现出移动化的特征，智能手机使人们随时随地"在线"，移动社交媒体在一步步吞噬着人们的日常休闲时间，而微信、微博等移动社交媒体平台逐渐成为人们获取新闻信息的主要来源。公民新闻在移动社交媒体平台上蓬勃发展，以至于没有公众的参与，新闻似乎变得不那么完整。移动社交媒体平台中的公民新闻表现出的特征：新闻的时距在不断缩小，参与新闻制作的主体范围在不断扩大，新闻传播的渠道与方向在四面扩散。

（一）个人节点被激活

1. 个体角色的转换

在社交媒体的环境中，个人节点被激活，使每个普通用户都可以随时转换角色，成为信息的生产者与传播者。在传统媒体时代，个体通常是被动的，获取新闻信息的渠道有限，无法直接影响舆论走向。然而，社交媒体平台的出现改变了这一格局，使个体能够轻松发布、评论和分享新闻事件。用户通过个人节点的激活，可以从信息的被动接受者迅速转变为主动传播者，推动新闻事件在社交媒体上发酵与扩散。这种角色的转换赋予了个体更大的信息权力，使其能够在传播过程中自由表达观点与发泄情绪，从而推动了公民新闻情绪化的发展。

2. 个体关系赋权的危机

社交媒体的节点被激活使个体关系赋权得以实现，但也引发了情绪化传播的危机。社交媒体平台上的用户通过点赞、评论、分享等行为形成社交网络关系链，并利用这些关系链进行信息传播。这种赋权机制让每个用户都能够通过自己的社交关系影响他人的观点与立场。然而，由于社交媒体平台的算法倾向于推送用户感兴趣的内容，强化了信息的同质化传播，使用户在自身的关系网络中不断强化固有的立场与观点，逐渐形成"信息茧房"。这种现象导致个体关系链上的信息传播变得高度情绪化，新闻事件的讨论往往被简化为观点与情绪的宣泄，导致公民新闻的传播缺乏理性与深度。

3. 情绪传播的放大效应

社交媒体上的个人节点被激活，使情绪传播产生了放大效应，使公民新闻情绪化的趋势更加显著。用户在社交媒体上发表对新闻事件的情绪化评论和观点，往往能够引起他人的共鸣或反对，进一步推动新闻事件在情绪化的讨论中扩散。特别是在敏感或争议性事件中，负面情绪和极端观点更容易引发用户的关注与传播，使情绪传播呈现指数级放大效应。此外，社交媒体平台的算法推荐机制倾向于推送情绪强烈、煽动性强的内容，进一步放大了用户的情绪反应，使新闻事件的传播更加情绪化。在这种放大效应下，公民新闻的讨论往往脱离事实本身，陷入情绪的极端化或偏见中，加剧了社会舆论的对立与分化。

（二）自组织机制下的网络群体协同

1. 随机状态下的弱连接

社交媒体环境中的自组织机制使网络群体在随机状态下形成弱连接。用户通过点赞、分享和评论等行为，与其他志趣相投或立场相近的个体形成松散的联系。这种弱连接虽然不具备强大的黏性，但在传播新闻事件时却可以产生广泛的传播效应。由于弱连接的随机性，用户能够快速触及原本不属于自己社交圈的陌生个体，使新闻信息在网络上以一种非线性的方式迅速扩散。在公民新闻传播中，弱连接让普通用户得以在广阔的社交网络中形成临时性、灵活性的传播节点，推动特定情绪和观点的快速蔓延，激化了公民新闻的情绪化倾向。

2. 虚拟社区与群体协同

在社交媒体的自组织机制下，网络群体通过虚拟社区形成强大的协同效应。虚拟社区是指用户基于共同的兴趣、信念或目标，在社交媒体上建立的聚合体。这些社区具有高度的灵活性和包容性，能够吸引大量具有相似价值观的个体加入。在虚拟社区中，成员间的互动强化了彼此的立场与观点，使他们在传播新闻事件时表现出高度的群体协同。无论是对社会热点的讨论，还是对争议事件的声援，虚拟社区的群体协同效应使公民新闻的传播呈现出迅速集结的特征。由于群体协同往往伴随着立场的一致性与排他性，这进一步加剧了新闻事件的情绪化传播，使理性讨论变得更加困难。

3. 网络社群的区隔产生极化效应

网络社群的区隔加剧了公民新闻传播中的极化效应。由于社交媒体平台的算法推荐机制倾向于为用户推送符合其兴趣和观点的内容，用户在信息选择上形成了高度的同质性，逐渐聚集在与自身立场相符的社群中。这种区隔现象使不同社群之间缺乏有效的观点交流与碰撞，强化了社群内部成员的偏见与固有认知。新闻事件在社群内传播时，情绪化的观点与极端立场往往得不到制约，反而因成员间的相互支持与共鸣被不断放大，最终形成极化效应。这种极化效应导致不同社群在同一新闻事件上的立场变得更加对立与分裂，使社会舆论呈现出强烈的二元对立倾向。

4. 话题标签塑造群体共识

在社交平台上，用户利用特定的标签为新闻事件设定传播框架，使相关内容更容易在同一话题下被搜索和聚合。通过使用统一的标签，网络群体能够迅速围绕某个事件或议题展开讨论与传播，并在信息的互动与分享过程中达成共识。话题标签的出现为不同个体提供了统一的情绪宣泄出口，使他们能够在标签所定义的范围内认同彼此的观点与立场，进而形成统一的行动或表达方向。这种标签化的传播方式推动了新闻事件的快速扩散，但也容易让讨论框架变得狭隘和情绪化，难以容纳不同声音和视角，使共识在同质化中逐渐强化，导致新闻传播的单一性与偏激性。

（三）网络意见领袖——权力集中与意见裹挟

1. 社交媒体中的新权力层

社交媒体上的网络意见领袖构成了一种新权力层，他们在信息传播过程中拥有极高的影响力和话语权。与传统媒体中的专家学者和名人不同，网络意见领袖更多依靠自媒体或社交平台，通过长期积累的内容创作与互动，建立起庞大的粉丝群体。无论是微博上的大V，还是微信公众号的自媒体博主，他们的观点和言论都能够引起大量受众的关注和传播，在公民新闻的传播中起到定调和导向作用。这种新权力层通过与粉丝的互动、直播讨论和评论引导等方式，强化了其在信息传播过程中的中心地位，形成一种由意见领袖主导的传播格局，使新闻事件的传播方向和舆论氛围更多地依赖他们的立场与观点。

2. 意见的双向裹挟

网络意见领袖在社交媒体上的意见裹挟具有双向性，既能够裹挟粉丝的观点，也容易受到粉丝情绪的反向影响。首先，意见领袖依靠其影响力和权威性，引导粉丝在新闻事件中形成一致的立场与情绪。例如，他们对特定事件的评论或直播讨论，能够迅速在粉丝群体中引发共鸣，促使粉丝在社交媒体上积极转发、评论与声援，扩大意见领袖观点的传播范围与深度。然而，粉丝的热情与情绪也可能反向裹挟意见领袖，使其在面对敏感或争议性事件时倾向于迎合粉丝的立场与情绪。为了保持影响力和粉丝忠诚度，意见领袖可能会放大其观点的情绪化色彩，甚至迎合粉丝的偏激观点，从而加剧公民新闻传播的情绪化与极端化。

3. 个体利益与群体偏见的交互作用

在社交媒体上，网络意见领袖的个体利益与粉丝群体的偏见相互交织，共同推动了新闻传播的情绪化。一方面，意见领袖依赖粉丝的支持和互动来维持其影响力，从而获得广告、代言等商业机会。这种对个体利益的追求，使他们倾向于发布能够迎合粉丝观点的内容，以保持粉丝群体的活跃度，甚至会放大和夸张新闻事件中的情绪因素，提升粉丝的参与度。另一方面，粉丝群体基于自身的偏见与认知，往往对意见领袖的观点不加辨别地接受与传播，并通过点赞、评论和分享等方式进一步强化这些偏见，形成舆论的同质化与单一化。个体利益与群体偏见的交互作用使网络意见领袖的立场在新闻传播中被不断放大，导致信息的片面化与情绪化，使公民新闻的传播在社交媒体上趋于极端与失控。

4. 权力集中带来的舆论失控风险

网络意见领袖的权力集中带来了舆论失控的风险。由于他们在社交媒体上拥有庞大的粉丝群体和高影响力，其言论与观点往往能够迅速引发舆论热潮，甚至超出事件本身的实际影响。例如，在涉及社会敏感议题或争议性事件时，意见领袖的情绪化评论可能激发粉丝的极端情绪，引发网络暴力、谩骂攻击或对特定对象的围攻。此外，权力的集中还容易导致信息的失真与片面化，意见领袖对新闻事件的解读通常基于其个人立场与偏见，缺乏全面性与客观性，使舆论的讨论方向可能偏离事实本身，加剧公民新闻传播的情绪化倾向，最终对社会舆论环境产生负面影响。

第四节 公众网络素养的培育

公民是"网络强国"建设的重要力量,是"网络强国"实现的决定性因素,提升公民网络素养是实现"网络强国"目标的内在要求。只有全面提升全体网民的整体素养,主体之间进行平等对话、寻求共识,才能汇聚正能量,充分提升网络传播的正面价值,保障网络安全,促进网络健康、有序、持续发展,助力"网络强国"建设。

一、发展积极健康的网络文化,加强网络文明建设

(一)网络文化的发展要以社会主义核心价值观作引领

网络文化的发展应当以社会主义核心价值观为引领,使其在网络空间中深植并发挥积极作用。社会主义核心价值观强调富强、民主、文明、和谐等理念,为网络文化提供了明确的价值指引。媒体和社交平台应积极传播社会主义核心价值观,打造正面、健康的舆论环境,抵制低俗、庸俗、媚俗的网络内容。通过开展丰富多彩的线上活动,如知识竞赛、公益直播、主题创作等,引导网民在参与互动中领会核心价值观的内涵与精神。政府部门需制定相关政策法规,加强对网络文化内容的监管与引导,确保社会主义核心价值观在网络内容中得到充分体现。企业和社会组织也应通过自身平台与项目积极传递正能量,让社会主义核心价值观成为网络文化中的主旋律,进一步推动网络文明建设。

(二)运用中华优秀传统文化涵养网络文化,积极打造网络文化民族品牌

中华优秀传统文化是网络文化的重要组成部分,应充分运用其丰富的思想内涵和价值理念,打造具有民族特色的网络文化品牌。要从中华传统文化中挖掘积极健康的内容,并以现代化的方式呈现在网络平台上,例如通过短视频、网络动画和在线课程等形式,让年轻一代更容易接受传统文化的精髓。鼓励文创企业和新媒体机构将传统文化元素融入网络文化产品中,如设计传统文化主题的表情包、游戏角色、虚拟偶像等,打造独特的网络文化民族品牌,提升中华文化在网络空间中的影响力与吸引力。政府和社会组织也应积极支持相关项目和活动,如举办传统文化网络大赛、非遗传承直播等,使中华优秀传统文化在网络空间中发扬光大,进一步丰富网络文化的内涵与特色。

(三)在中西方优秀文化交流互融中丰富网络文化

在全球化背景下,中西方优秀文化的交流互融能够为网络文化注入新的活力和多样性。要积极吸收西方优秀文化中的创新精神、科学思想和艺术元素,将其与中国的网络文化有机融合。

例如，通过国际合作打造文化交流的网络平台，推广中西合璧的文艺作品、创意节目和跨文化活动，吸引不同文化背景的网民参与。媒体和新媒体机构可以引进西方优秀的网络文化创意理念，将其融入中国网络文化产品的开发中，使网络文学、音乐、游戏、动画等更加丰富多彩。可通过官方与民间渠道，与西方国家在网络文化领域加强合作与互访，举办多元文化的线上活动，如跨文化网络艺术展、线上论坛等，搭建起文化交流的桥梁，使网络文化在中西方文化的碰撞中更加繁荣。

二、加强网络空间治理，规范网络公共领域

（一）完善网络空间的法律体系，加强制度性保障

1. 从立法角度看，要完善网络法律法规，缩小网络法律间隔区

从立法的角度来看，完善网络空间的法律法规体系应作为优先任务，以弥补现有法律的漏洞和盲区。现有的网络法规在应对数字化时代的迅速变化方面存在滞后性，难以解决新技术、新商业模式带来的复杂问题。应着力制定和完善网络安全、隐私保护、数据管理以及与版权相关的法律规范，使法规与实际的网络环境相匹配。同时，立法机构需密切关注全球网络法律的发展动态，借鉴国际先进经验，将互联网新兴业态纳入监管范围，缩小法律的间隙和盲区，形成更完善、严密的法律体系，确保网络空间的规范性与合法性。

2. 加强执法力度，提高侵权代价和违法成本，震慑违法侵权行为

提升执法力度和加大违法成本是确保网络法规得到有效执行的重要措施。监管机构需要完善监测和取证机制，通过人工智能与大数据分析来提高对网络违法行为的发现和识别能力。此外，要严格执行现行的罚款、封禁账号、限制网络使用等处罚手段，以提高违法侵权的代价，形成有效震慑。各监管部门之间的联合行动和平台间的跨界协作也必不可少，有助于形成全面覆盖的执法体系。通过强化处罚措施与执法力度，网络空间的违法侵权行为可以被有效遏制，使法律法规的威慑作用得以彰显。

3. 在综合各方因素的基础上，最大程度地保证司法公正

在确保网络空间司法公正的过程中，需要综合考虑多方因素，确保法律法规在实践中保持合理性和公平性。司法机构应理解互联网的特性，制定适应新环境的司法解释和执行细则，为处理网络谣言、网络暴力等新型违法行为提供更明确的取证和裁决标准。司法程序必须公开透明，确保裁决不受权力干预或偏见影响，充分保障各方利益。加强专业培训以加深司法人员对网络法律的理解和技术认识至关重要，这将帮助他们在审理过程中全面把握网络案件的技术复杂性，确保裁决的公平与准确。这样才能让公众对网络法律体系建立信任，使整个网络空间更加健康和谐。

（二）掌握网络话语权，健全网络舆论引导机制

1. 提高政治警觉性与鉴别力

在网络舆论引导中，监管人员的政治警觉性和鉴别力至关重要。他们需要深入分析网络舆论的生成特点和传播规律，以科学的态度把握舆论引导的原则和方法。通过提高引导工作的科学化水平，监管人员能够有效地促进政治稳定和社会进步。这要求监管人员不仅要有敏锐的政治嗅觉，还要具备相应的专业知识和技能，能够在复杂的网络环境中做出准确判断。

2. 利用大数据技术进行网络监控

通过实时监控网络空间的动态，监管机构可以充分掌握与舆情相关的各方意见，建立起完善的网络舆论分析、甄别、响应和处置机制。此外，建立健全应急预案和资源调配机制，能够确保在面对突发公共事件时，能够及时、有效地处理和回应公民的关切问题，维护社会稳定。

3. 强化执行力与完善反馈制度

在网络舆论引导中，各部门需要定时、流畅、清晰地向上级部门汇报舆情动态，并具备随机应变的能力，确保在接到指令后能够迅速行动。同时，上级部门应以强大的组织力及时出面，稳定社会情绪，并通过高度的人文关怀获得社会支持，凝聚社会共识。这要求上级部门不仅要有快速反应的能力，还要有协调各方、整合资源的能力。

4. 构建健全的网络舆论引导机制

构建一个健全的网络舆论引导机制需要从法律法规、技术手段、人员培训、社会教育等多方面入手。通过立法明确网络言论的边界，利用技术手段加强网络监管，对监管人员进行专业培训，提高公众的媒介素养，从而形成一个全社会共同参与的网络舆论引导格局。这样的机制不仅能够应对当前的挑战，还能够适应未来网络舆论环境的变化。

（三）畅通网络意见表达渠道，健全网络的诉求表达机制

1. 保障公民的知情权与参与权

为了畅通网络意见表达渠道，首先需要保障公民的知情权。政府应及时公开涉及公共利益的重大社会事项，确保信息的透明度和逻辑的连贯性。特别是在如疫情防控等紧急情况下，通过官方媒体或新闻发布会等形式，及时向公众通报情况，这不仅能够保护公民的生命健康，还能够增强政府的公信力。同时，鼓励公民积极参与社会事务的讨论，提高政策制定的参与度和透明度。

2. 规范网络民意汇集渠道

对网络民意汇集渠道的规范管理是健全网络诉求表达机制的关键。应鼓励和保护公民在法

律框架内的言论自由，避免因过度审查而压制正常的民意表达。同时，需要建立有效的反馈和回应机制，确保公民的声音能够被听取并得到妥善处理。此外，应避免懒政、怠政行为，确保政府对民意给予及时响应，维护政府的公信力和良好形象。

3. 建立有效的舆论监督和反馈机制

建立一个有效的舆论监督和反馈机制，可以促进政府与公民之间的良性互动。政府应通过各种渠道，如社交媒体、官方网站、热线电话等，收集和分析公民的意见和建议。对于公民的合理诉求，应及时给予回应和处理，确保公民能够感受到自己的声音被重视。同时，通过舆论监督，可以提升政府部门的透明度和责任感，提高政府工作的效率和质量。

三、增强公民网络话语能力，提升网络事务参与水平

网络时代的到来，为公民的话语权打开了一扇新的大门。相较于现实社会，网络的跨地域性消弭了由地域限制带来的不平等，使更多的资源和思想实现交流与碰撞；网络的隐匿性使公民在网络上意见表达更加自由和平等，给边缘群体以平等的权利参与公共事务；网络信息传播的方式也打破了以往由于信息差而带来的信息霸权，让每一位公民都有发声的机会，真正地掌握话语权。由于网络社会先天的传播困境、公民网络素养培育的困境、公民自身个人表现欲的肆意膨胀以及公众表达的理性缺失等诸多现实性因素的存在，使"拥有独立人格的理性公众自由公开地发表意见并形成舆论"的境界并未实现。因此需要普遍提高公民网络话语表达水平、加强网络伦理道德和价值观规范教育，以此增强公民网络话语能力，提升网络公共事务参与水平。

（一）普遍提高公民网络话语表达水平

1. 强化逻辑思维能力

在提高公民网络话语表达水平的过程中，逻辑思维能力的强化不仅仅是简单的概念学习，更是一种认知方式的转变和深度思考的培养。逻辑思维涉及对信息的分析、辨析和组织，要求公民不仅能够捕捉表面现象，还需要深入挖掘事物的本质及其内在联系。通过学习逻辑学原理，结合实际案例的分析，公民可以培养出更为系统和严密的思维模式，从而使其网络话语更具有逻辑性和说服力。

2. 加强文化素养和知识储备

文化素养和知识储备的加强是公民网络话语表达水平的重要保障。文化素养不仅包括对文学、艺术等人文领域的理解，还包括对于历史、哲学、宗教等多方面的认知。通过广泛涉猎各类书籍、参与文化活动等方式，公民可以提升自己的文化底蕴，拓展自己的思维空间。同时，积累丰富的知识储备也能够使公民在网络话语表达中更具权威性和深度，从而更好地引领和影响网络舆论。

3. 培养批判性思维与辨识能力

在信息爆炸的网络环境中，公民需要具备批判性思维和辨识能力，以应对各种信息的挑战。批判性思维要求公民不仅能够客观地审视信息，还需要有自主思考和质疑的能力。通过学习逻辑学、科学方法论等相关知识，并结合实际案例的分析，公民可以培养出对信息进行深入分析和辨别的能力，从而更好地抵御谣言、偏见等不良信息的影响，使自己的网络话语更具有权威性和可信度。

（二）加强网络伦理道德教育

1. 培养网络公民的责任意识与道德观念

在加强网络伦理道德教育的过程中，首要任务是培养网络公民的责任意识与道德观念。这不仅仅是简单地强调不违反法律规定，更是要求公民在网络空间中秉持良好的道德品质和行为准则。通过教育引导，公民应当意识到自己在网络上的言行举止会对社会、他人产生影响，应树立正确的网络道德观念，自觉遵守网络规范和公序良俗，促进网络空间和谐健康发展。

2. 倡导网络互助与公益精神

加强网络伦理道德教育需要倡导网络互助与公益精神。公民应当认识到网络不仅是信息传播的载体，更是互联互通、共享资源的平台。在网络交流中，公民应该关注他人的需求，积极参与网络公益活动，传递正能量，促进社会和谐。通过开展网络志愿服务、参与公益项目等形式，公民可以培养出乐于助人、乐于分享的美德，共同营造良好的网络社会氛围。

3. 强化网络自我管理与风险防范意识

加强网络伦理道德教育需要强化网络自我管理与风险防范意识。公民应当自觉提高对网络风险的识别和防范能力，警惕网络诈骗、隐私泄露等风险。通过学习网络安全知识、加强个人信息保护意识，公民可以有效预防网络安全风险，保障自己的合法权益。同时，建立健全的网络监管机制，加强网络治理，也是加强网络伦理道德教育的重要环节，需要政府、企业和社会各界共同努力，共同维护网络空间的秩序和安全。

（三）满足公民对知情权、参与权和监督权的需要

1. 提升政府信息透明度，以充分保障公民的知情权

政府信息应当及时、准确地向公众公开，让公民了解政府工作的过程和结果，确保政府行为的公开透明。通过建立健全的信息公开制度、加强政府信息公开平台建设等措施，可以实现政府信息的广泛传播和公民的知情权得到充分保障，从而促进政府与公民之间的互动和信任。

2. 规范网络政治参与平台，保障公民的参与权

政府和相关机构应当建立健全公民参与政治决策的渠道和机制，为公民提供多样、便捷的参与途径。同时，需要加强对网络政治参与平台的监管，防止虚假信息的传播和不良行为的发生，确保公民在网络空间中享有公正、公平的参与权利，实现政治决策的民主化和多元化。

3. 切实保障公民的监督权

政府应当加强对权力运行的监督和制约，接受公民和社会的监督。同时，公民社会组织应当积极参与监督工作，发挥监督作用。要建立健全的投诉举报机制和信息公开制度，加强对政府、企业和其他组织的监督，保障公民的监督权得到有效实施。只有通过建立完善的监督机制，才能有效制约权力的滥用，保障公民的合法权益。

四、创设以网络安全为核心的"数字韧性"教育系统

"韧性"一词被广泛运用于各行各业，其核心的内容是指一种能够在各类"变量"面前保持自身或整个系统相对平稳运行的能力。通俗来讲就是一种抗压能力。整体上看，"韧性"可以分为两个层次，一种是个人类属的韧性，一种是系统各要素之间的韧性。在网络时代，人（类属）需要与网络空间（系统）建立稳定的联系，才能获得自由而全面的发展。"数字韧性"是生活在数字时代的个体在与外部空间交互作用的过程中逐步形成的，能够促进个体适应外部变化而不断主动进行外部干预与自我内在调节，持续建立适应美好生活状态的心理。网络安全是影响公民在网络环境中生存的最重要的因素之一。创设以网络安全为核心的"数字韧性"教育空间，增强公民抵御网络空间风险的能力是十分必要的。

（一）基于韧性教育理念，发挥公民主观能动性

1. 培养适应环境变化的心理素质

韧性教育理念强调的是在面对挑战和逆境时，个体能够积极应对、适应变化、保持心态平和的能力。为了发挥公民的主观能动性，首先需要培养公民具备适应环境变化的心理素质。这包括培养公民的自我意识、自我调节能力和解决问题的能力，使其能够在面对各种困难和挑战时保持镇定、灵活应对，从而更好地实现个人成长和促进社会发展。

2. 激发创新意识和探索精神

韧性教育理念关注个体在逆境中不断学习和成长，这需要激发公民的创新意识和探索精神。公民应当具备勇于尝试、勇于创新的精神，不断探索新的思路和方法，在实践中不断积累经验和提升能力。政府和社会应当为公民提供创新的环境和平台，鼓励公民参与创新活动，推动社会不断向前发展。

3. 提升自我管理和目标规划能力

韧性教育理念注重的是个体在面对挑战和逆境时能够有效管理自己的情绪和行为，并明确自己的目标和方向。因此，为了发挥公民的主观能动性，需要提升公民的自我管理和目标规划能力。公民应当学会制订明确的目标和计划，并付诸实践去实现，同时要学会在面对困难和挫折时保持积极的态度，不断调整和优化自己的行动方案，最终实现个人和社会的发展目标。

（二）以网络安全为核心，有效应对网络危机

1. 建立多层次网络安全防护体系

有效应对网络危机的关键在于建立多层次的网络安全防护体系。这包括技术、管理、法律等多方面的手段和措施。在技术方面，可以采取加密技术、防火墙、入侵检测等手段，提升网络安全防护能力。在管理方面，应建立健全网络安全管理制度，明确责任分工，加强对网络设备和信息系统的管理和监控。在法律方面，应加强网络安全立法，完善网络安全法律体系，对网络攻击、数据泄露等违法行为进行严惩，形成对网络安全的有效威慑。

2. 提升网络安全意识和技能

除了建立安全防护体系，提升公民的网络安全意识和技能也是应对网络危机的重要举措。公民应当了解网络安全的基本知识，学会防范网络攻击和诈骗，保护个人信息安全。政府和社会应当加强对网络安全教育的宣传和培训，提升公民的网络安全意识和技能水平，使其能够自觉抵御网络风险，有效保护自己的合法权益。

3. 加强国际合作，共同维护网络安全

面对日益严峻的网络安全形势，单一国家难以独立解决网络安全问题，需要加强国际合作，共同维护网络安全。各国政府应加强信息共享、技术交流和法律合作，共同打击网络犯罪活动，维护国际网络秩序和安全。同时，政府和企业应加强跨国公司的合作，共同应对网络威胁，建立起跨境网络安全合作机制，形成合力，共同应对网络危机的挑战。

五、弥合数字鸿沟，整体提升公民网络素养

网络社会的发展不仅要关注领跑者，更要关注基数庞大的跟跑者。少数人素养的提升无法从根本上实现数字社会和谐、稳定、持续发展的目标。我国公民网络素养整体不高，是囿于代际、城乡、区域等各类因素的差距而导致的"数字鸿沟"。因此，我们应从政策帮扶、学校教育、社会教育三方面发力，降低"数字鸿沟"带来的社会风险，以促进公民网络素养的整体提升。

（一）以政策帮扶弥合"设备沟"

1. 制定普惠性政策，促进智能设备普及

要解决"设备沟"，首先需要制定普惠性政策，促进智能设备的普及。政府可以通过提供补贴、减税等方式，降低智能设备的价格，使更多的家庭和个人能够购买到质量良好、价格适中的智能设备。同时，政府还应加大对农村地区、贫困地区的设备普及力度，确保每个公民都能享受到数字化带来的便利和机遇。

2. 加强基础设施建设，缩小城乡差距

为了弥合"设备沟"，政府还需要加强基础设施建设，缩小城乡差距。政府应当加大对偏远地区、农村地区网络基础设施建设的投入，建设高速、稳定的网络覆盖系统，提高网络覆盖率和质量，使更多的公民能够接触到互联网，享受到数字化带来的便利和发展机遇。

3. 推动跨部门合作，提升数字技能普及率

为了提升公民的数字素养，需要推动跨部门合作，提升数字技能的普及率。政府可以与教育部门、企业、社会组织等合作，共同开展数字技能培训和普及活动，为公民提供系统化、全方位的数字技能培训服务。通过开展线上线下结合的培训课程、举办数字技能比赛等形式，激发公民学习的兴趣，提升他们的数字技能水平，使其更好地适应数字化时代的发展需求。

（二）以学校教育弥合"知识沟"

1. 优化教学内容，培养综合素养

学校教育在弥合"知识沟"中扮演着重要角色，而优化教学内容是提升公民网络素养的关键。除了传授基础学科知识外，学校应注重培养学生的综合素养，包括信息素养、批判性思维、创新能力等。通过设计丰富多样的课程和教学活动，引导学生主动获取、评价和应用信息，提升他们的综合素养水平，使其具备更好的网络文化修养和自我发展能力。

2. 强化信息技术教育，提升数字素养

面对数字化时代的到来，学校应当强化信息技术教育，提升学生的数字素养水平，从而弥合"知识沟"。除了掌握基本的计算机操作技能外，学生还应学会信息检索、数据分析等相关技能，提升网络安全意识和隐私保护能力。通过开设信息技术课程、组织网络安全宣传活动等方式，学校可以帮助学生建立正确的网络使用观念，提高他们在数字化环境下的自我保护能力。

3. 开展跨学科教育，促进综合发展

为了弥合"知识沟"，学校应当开展跨学科教育，促进学生的综合发展。通过跨学科的教学设计和项目实践，打破学科之间的界限，培养学生的综合思维能力和创新意识。例如，可以

组织跨学科的课题研究、项目实践，让学生在实践中运用多学科知识解决实际问题，提升他们的综合素养和实践能力。这样的教育模式有助于学生更好地适应未来社会的发展需求，弥合"知识沟"，实现全面发展。

（三）以社会教育弥合"技术沟"

1. 加强职业培训，提升技能水平

通过开展各类职业技能培训课程，为不同年龄、不同背景的人提供技术知识和实践技能的培训，帮助他们适应技术发展的需要。这不仅有助于提高个人的就业竞争力，还可以促进社会经济的发展，实现技术沟通和共享。

2. 推动社区技术教育，普及科技知识

通过在社区开展科技知识普及活动、举办科技讲座和展示活动等方式，加强公民对科技的认知和提升兴趣，激发他们参与科技学习和创新的积极性。这有助于减少不同群体之间的技术差距，促进科技成果的共享和应用。

3. 建立技术支持网络，促进技术交流合作

通过建立技术交流平台、开展技术论坛和研讨会等方式，促进不同领域、不同地区的技术人员之间的交流与合作，分享经验和资源，共同解决技术难题，推动技术创新和应用。这有助于弥合"技术沟"，推动技术发展和社会进步。

第六章 新闻行业人才适应数字化转型的策略分析

第一节 新闻主播在数字媒体中的能力拓展

传统新闻在制作过程中对主持人语言能力的依赖性较强，良好的语言能力能够有效提升新闻传播效率和质量。智媒时代，新闻传播的模式和形态发生了较大的变化，对新闻主播的要求也随之变化。主持人必须要及时跟随时代的变化，提高自身能力，满足智媒时代新闻传播的要求。特别是直播形式的转变，新闻主播除了要具备基本能力外，还要具备较强的抗干扰能力和直播逻辑判断能力。一方面，降低外界环境中各种干扰因素对新闻主播播报的影响；另一方面，使其能够在有限时间内调整所要播报的信息量。随着智媒的发展，新闻播报的形式和方法也在不断发生变化，如邀请嘉宾进直播间、口播、照片或者是内容和照片相融合等等。为此，主播要根据播报形式的不同选择合适的播报方式，拉近节目和观众之间的距离。同时，主播应具备较强的突变应对能力，对新闻播报中出现的问题能够及时处理，降低新闻播报的失误率。

一、拓展智媒体融合的播报能力

（一）拓展全媒渠道角色的定位能力

1. 理解不同媒体平台的特点和定位

拓展全媒渠道角色的定位能力首先需要了解不同媒体平台的特点和定位。不同的媒体平台有着不同的受众群体、传播方式和内容形式。例如，社交媒体强调用户互动和分享，新闻网站注重新闻报道的及时性和客观性，视频平台追求视听效果和内容创新。了解这些特点可以帮助从业者更好地把握不同平台的定位，更有针对性地制订内容策略和传播策略。

2. 灵活应对不同平台的传播需求

在拓展全媒渠道角色的定位能力中，灵活应对不同平台的传播需求至关重要。不同的媒体平台有着不同的用户习惯和需求，对内容形式和传播方式有着不同的要求。因此，从业者需要灵活运用各种传播手段和技巧，根据不同平台的特点和受众需求，精准定位内容，确保传播效果最大化。

3. 整合资源，实现全媒渠道的协同发展

实现全媒渠道的协同发展需要整合各种资源，包括人力、物力和财力等方面的资源。从业者可以通过建立跨部门、跨平台的团队合作机制，整合各种资源，实现内容生产、传播和运营的协同发展。同时，还可以通过技术手段实现不同平台间的信息共享和数据交互，提升传播效率和效果。通过整合资源，实现全媒渠道的协同发展，可以更好地满足用户需求，提升媒体影响力和竞争力。

（二）提升"说+评+融"的播报能力

1. 精准把握信息核心，提升播报的"说"能力

播报者在提升"说"能力时，需要具备敏锐的新闻嗅觉和信息处理能力，这意味着要能够快速准确地捕捉到新闻事件的核心要点，并以清晰、简洁的语言进行播报。有效的"说"能力要求播报者在信息传递中保持准确性和生动性，以确保听众能够迅速理解事件的关键内容。

2. 深度思考，提升播报的"评"能力

播报者需要具备深度思考的能力，能够对新闻事件进行客观、理性的评述和分析。这需要从多个角度和维度对事件进行深入挖掘，使播报不再是简单的信息传递，还有对事件背后意义和影响的思考和解读。

3. 实现信息融合，提升播报的"融"能力

要提升"融"能力，播报者需要具备整合多种信息来源的能力，这意味着要能够将来自不同渠道的信息有机结合，形成全面、多元的播报内容。通过灵活运用各种信息传播渠道和技术手段，播报者可以实现信息的跨平台、多维度传播，从而提升播报的影响力和吸引力。

（三）提高智媒体传播语态的应用能力

1. 熟练运用多样化的语言风格

播报者需要根据不同的报道对象、内容和传播平台，灵活选择和运用不同的语言风格，如严谨的新闻语态、生动的故事叙述、亲切的社交媒体风格等。合适的语言风格，使传播内容更具有吸引力和说服力，更好地吸引目标受众的关注。

2. 注重情感表达和情绪调控

播报者需要学会巧妙地运用语言来表达情感，引发听众的情感共鸣。同时，还需要具备良好的情绪调控能力，避免过度夸张或负面情绪的传播，保持播报的客观性和专业性。通过情感表达和情绪调控，播报者可以更好地与受众建立情感连接，提升传播效果和影响力。

3. 强化舆论引导和价值导向

播报者应当具备良好的价值观念和社会责任感，能够通过传播内容引导公众形成正确的舆论和价值取向。在传播过程中，要注重传播内容的正面价值导向，促进社会正能量的传播和积累，塑造积极向上的传播氛围。通过舆论引导和价值导向，智媒体传播可以更好地为社会传递正能量，推动社会进步和发展。

二、拓展智媒体协作能力水平

（一）拓展信息管理能力

新闻主播要具备较强的信息共享能力，才能在有限的时间内向观众传播最多的信息，且确保信息的真实性和准确性。随着网络技术的发展，社会中新闻信息的种类和数量非常多，需要新闻主播对播报内容进行筛选和甄别，从而确保其播报内容的真实性。但是，对网络中海量信息进行甄别的难度较大，主持人必须具备较强的信息共享能力，从而降低信息甄别的难度，提高其播报新闻内容的公信力。

1. 筛选与甄别能力

筛选能力意味着从海量信息中迅速捕捉到关键内容，而甄别能力则要求播报者能够分辨信息的真实性与可信度。这需要对各种信息源进行深入的分析，确保所传达的信息准确无误。只有具备了这样的能力，播报者才能够在不断变化的信息环境中保持稳健与可靠。

2. 综合与整合能力

播报者需要将来自多个渠道的信息进行整合与归纳，创造出具有连贯性的信息内容。这不仅需要对信息的准确性有深入的了解，还需要在传播过程中保持内容的丰富性与多样性。通过整合各方信息，播报者能够更好地满足受众的需求，提高传播效率。

3. 创新与判断能力

随着新技术不断涌现，传播环境也发生着变化。因此，播报者需要不断创新，采用新的传播方式与工具，以适应不断变化的传播环境。播报者还需要具备良好的判断能力，能够准确评估信息的价值与影响力，确保所传播的信息符合公共利益与传播伦理。只有通过不断的创新与判断，播报者才能够在智媒体融合的时代中保持领先地位。

（二）提升综合素养水平的能力

1. 提高与时俱进的政治素养水平

（1）加强对新时代理论的学习和理解

通过研读党代会报告、中央文件和权威学术资料，我们能够更好地理解国家发展的方针政策，并在思想层面实现与党和国家的目标保持一致。同时，还应参与多层次的政治学习和研讨，确保在新时代的全球化格局下，始终具备正确的政治立场与判断力。

（2）培养政治思维与辩证思维的结合

政治思维可以帮助我们全面、准确地了解现状，而辩证思维则让我们能够辨析事物的相互联系及其发展规律。因此，将两者相结合，可以使我们在实践中能够冷静分析局势、识别潜在的政治风险，从而做出符合国家利益的决策判断，并积极应对各种挑战。

（3）积极参与社会实践与政治活动

除了理论知识的积累，还应当积极参与各类社会实践与政治活动，以深化对政治事物的认识。在基层调研、志愿服务和党内民主生活会中，不仅可以获取丰富的第一手资料，深入了解群众的切实需求，还能在互动中不断优化自身的政治修养。通过这些实践活动，我们可以更加自觉地将理论与现实相结合，并在日常生活和工作中发挥更大的社会影响力。

2. 增强感同身受的社会责任感

（1）深度关注社会弱势群体，树立责任意识

社会责任感的增强需要从充分了解社会弱势群体的实际困境出发，包括深入了解贫困、残疾、孤寡老人、流动儿童等人群的生活状况，真正意识到自己所承担的责任。通过走访基层社区，参与公益项目，了解他们所面临的现实问题和心理诉求，可以切身体会到他们生活的艰辛与不易。在此基础上，我们可以发挥自身所长，通过知识传播、资源共享和专业服务等方式，积极参与到帮助弱势群体脱困致富的行动中，为整个社会的进步贡献一份力量。

（2）积极推动环境保护，倡导可持续发展

当代的社会责任感不再限于人际关系层面，还应当体现在与自然环境的和谐共存上。全球气候变化、资源过度消耗和环境污染问题日益严峻，要求每个公民都应积极践行绿色生活方式。无论是减少一次性用品的使用，还是积极参与环保组织的宣传活动，我们都可以从点滴做起，逐步影响周围的人和社区。此外，应当关注国家的环保政策和可持续发展战略，从中找到自己可以参与的领域，为生态文明建设提供切实的支持。

（3）投身公益事业，营造互助共赢的社会氛围

公益事业是一面镜子，反映出整个社会的道德水平和责任意识。在参与社会公益的过程中，我们可以接触到来自各行各业、背景多元的公益人士，从他们的行动中汲取责任与奉献的精神力量。同时，作为参与者，我们还可以发挥桥梁作用，将公益资源引向更需要的领域，实现公益事业的良性循环。通过组织或加入公益活动，我们不仅能够为他人提供实实在在的帮助，还能在这个过程中不断提升自身的社会责任感与综合素养，为营造互助共赢的社会氛围贡献力量。

(三)拓展对播报内容的情感共鸣能力

1. 深入了解播报内容的背景和受众需求

通过搜集丰富的资料,了解相关事件的前因后果,能有效地掌握新闻背后隐藏的社会问题、利益矛盾和情感需求。此外,关注受众的喜好和心理预期也是关键,因为他们的共鸣点往往来自自身的生活体验或情感归属。在播报时,需要根据受众的关注点、心理预期和情绪倾向,将内容融入真实而动人的叙述中,令受众感受到自己也是报道的一部分。

2. 准确运用声音与语言技巧传递情感

通过调整语调、语速和音量,能传达出内容的情感基调,吸引受众的注意力。例如,在叙述令人振奋的新闻时,以昂扬的语气激发受众的积极情绪;而在播报严肃话题时,则以平稳而略带沉重的音调引发人们的反思。对于不同类型的新闻内容,选择合适的表达方式,将情感元素嵌入其中,可以使受众在听到报道的瞬间产生情感共鸣,增强报道的感染力与可信度。

3. 灵活运用叙事结构,营造共鸣效果

在结构设计中,应当注重逻辑的连贯性与情节的紧凑性,令整个播报内容形成一个富有吸引力的叙事链。例如,通过开头引人注目的导入引发受众的兴趣,再结合相关事件的时间线索层层递进,直至事件高潮,从而有效地吸引受众的注意力。同时,结尾部分则应总结出情感或逻辑上的重点,引导受众进行思考或产生情感上的共鸣,达成播报的整体目标。

三、拓展先进技术的应用能力

(一)熟练应用智能技术生产新闻的能力

智能文本生成工具、数据可视化软件和语音识别系统等应用,使新闻工作者能够更加高效地处理大量信息并进行内容创作。例如,利用自然语言处理技术的新闻机器人,可以根据给定的模板和数据源,迅速生成简洁准确的新闻报道内容,为即时新闻提供稳定可靠的生产能力。同时,深度学习模型和语义分析算法可以帮助记者快速归纳长篇文献中的关键信息,识别出隐藏在文本中的复杂逻辑关系,从而为调查性报道和专题分析提供更深入的洞察。在图像和视频方面,计算机视觉与图像识别技术的结合,能够使新闻机构在短时间内从海量视频素材中准确提取所需内容,为专题制作、实时直播提供强有力的技术支持。此外,借助数据可视化软件,将庞杂的数据转化为清晰易懂的图表和信息图,使读者可以更直观地了解新闻事件的全貌与关键细节。通过这些先进技术的灵活应用,新闻生产不仅变得更加高效,也大大提升了内容的质量,增加了内容深度。

(二)熟练应用智能技术进行信息采集的能力

利用网络爬虫和舆情监测工具,记者可以实时追踪社交媒体平台和新闻网站上的热点话题，快速洞察公众关注的焦点。此外，基于机器学习和人工智能的情感分析算法，能够准确识别网络舆论的情感倾向与态度，为新闻选题和报道方向提供数据支持。在音视频采集方面，图像识别与语音识别技术使记者能够从录音、录像和直播中快速转录重要信息，为编辑、整理和二次加工提供便利。无人机和卫星遥感技术的应用，则使记者能够在地理位置受限的情况下获取重要的现场影像资料，例如自然灾害现场、冲突地区或大规模集会活动。传感器和物联网设备的普及也为数据新闻提供了更加丰富的来源，通过收集气候、交通、健康等领域的实时数据，可以发现社会问题的潜在线索并引导深入报道。因此，熟练掌握和运用智能信息采集技术，将使新闻工作者在信息获取的速度与深度上占据明显优势，为新闻报道的全面性和准确性提供重要保障。

（三）灵活运用大数据分析技术进行内容策划

在信息泛滥的数字时代，运用大数据分析技术可以帮助新闻从业者高效地规划报道方向和内容。通过对海量网络数据的挖掘与整合，可以准确识别受众的阅读偏好、关注热点以及长期兴趣点，精确找到最能激发情感共鸣的话题或事件。此外，大数据还能协助新闻工作者确定各类内容的最佳发布时间、适合的表现形式，甚至是报道呈现风格等。借助这种数据驱动的内容策划手段，新闻机构不仅能够精准定位目标受众，还可以更科学地组织内容，从而在激烈的新闻市场竞争中赢得更大优势。

第二节 数字媒体新闻主播的转型策略

智媒的应用给新闻主播带来较大的挑战,也给他们带来了较多机遇。新闻传播平台不同,对新闻主播角色的定位和语态要求不同,呈现出较强的多元化特性。因此,新闻主播必须紧跟时代发展的步伐,改变其思想观念,掌握多种播出语态,从而确保播出效果满足不同平台群体的需求,更好地展现自己的专业水平,提高在群众中的知名度。

一、提高共融发展意识,引领智媒时代

共享、融合与引领是智媒体时代的主流发展理念,即内容、技术、人才和经验的共享,目标、理念的融合,文化、价值和舆论的引领。智能技术和新闻主播共融发展的理念,确保新闻主播继续引领智媒时代。

（一）加强网感,重塑角色理念

1. 拥抱网络文化,提升互动与表达能力

在数字媒体环境下,新闻主播应当积极拥抱网络文化,提升自身的互动与表达能力。网络文化具有快速变化、幽默多元和话题化的特征,新闻主播应通过深入了解网络流行语、热点话题和社交平台玩法,调整自身的语言风格与表达方式。例如,在新闻播报中适当融入流行语或用幽默的方式解释热点事件,能使主播更具亲和力,拉近与年轻受众的距离。此外,主播还需灵活运用短视频、直播和社交媒体等新兴传播工具,与受众进行实时互动。例如,在直播新闻节目中,可以通过实时弹幕解答观众提问,或在社交媒体上分享幕后花絮,进一步增强主播与受众之间的互动性。

2. 突破传统角色定位,探索多元角色

新闻主播应突破传统的角色定位,探索多元角色,以适应数字媒体的多样化传播需求。在传统媒体中,主播通常承担新闻播报员的单一角色,而在数字媒体环境中,主播应尝试向主持人、意见领袖、策划人等多元角色发展。例如,在主持人角色下,主播可以通过主持访谈、专题节目和直播活动,展现自身的专业素养与综合能力;作为意见领袖,主播可以通过社交媒体分享个人观点和深度分析,建立自己的品牌形象,增强受众的信任感与忠诚度。

3. 强化内容策划,构建品牌影响力

数字媒体的新闻主播应强化内容策划,构建品牌影响力,在智媒时代引领行业发展。通过

对热点话题、重大事件和社会问题的深度策划，主播可以打造出一系列具有自身特色的新闻栏目或专题节目，为受众提供有深度、有价值的内容。例如，主播可以结合自身的专业知识与兴趣爱好，策划财经、科技、文化、旅游等领域的专题栏目，以独特的视角和风格吸引特定受众群体。通过持续输出高质量的原创内容，主播不仅能够提高自身的专业形象，还能逐步建立起个人品牌与忠实的粉丝群体，进一步拓展商业合作与自媒体发展的机会，为自身的职业发展开辟新的路径。

（二）突出个性，提升"流量"吸引力

在数字媒体领域，主播的个性化特色对于吸引和留住受众起着关键作用。相较于传统媒体中的中规中矩，数字媒体主播更需大胆展示独特个性。例如，主播通过彰显独特的播报风格、幽默风趣的语言表达以及多元化的兴趣爱好，可以形成具有标志性的个人品牌形象。与此同时，通过对热点事件表达独到分析、深刻见解和情感共鸣，主播可进一步增强自身的专业形象和可信度。此外，借助短视频、直播等形式，主播还可以将个人特色充分融入节目的创意中，通过生动、有趣的内容提升"流量"吸引力，实现与受众更深层次的情感连接。

（三）联动自媒体，提高网络传播力

数字媒体新闻主播应当充分利用自媒体平台，通过联动自媒体账号，扩大新闻传播的深度与广度。主播可以建立自己的微博、微信公众号、抖音账号等自媒体矩阵，将新闻内容进行二次创作和传播。例如，主播可以通过自媒体平台发布幕后花絮、深度解读和实时动态，与粉丝进行互动交流。在重大新闻事件中，主播可通过自媒体第一时间传递信息，回应热点问题，快速聚集舆论关注。还可以与其他自媒体或网络达人合作，共同策划选题、组织直播活动，同时借助他们的粉丝群体扩大传播范围。在这一过程中，主播不仅能提升个人影响力，还能够强化自身在网络社群中的公信力，为新闻内容的传播打造更具广度和深度的渠道。

二、发挥人的主体性，确保观念鲜活

智媒体时代要不断提高新闻的鲜活性和感染力，才能够提高新闻的感染力，获得群众的认可。智媒是大数据技术的充分应用，我们要在大数据时代"充分发挥人的主体性作用"，新闻主播需从主体性发挥和观念鲜活性的角度改进策略。

（一）发挥人的主体性，甄别信息真伪

在数字媒体的高速发展下，信息传播变得异常快捷，鱼龙混杂的网络环境使信息甄别难度不断增加。新闻主播作为新闻把关人，必须强化对信息的敏锐洞察力，以保证内容的准确性与真实性。主播应借助专业知识，充分利用网络数据分析工具，通过多方核实和比对信息来源，以甄别虚假新闻和谣言。在面对热点话题和突发事件时，主播应结合实际情况展开分析，及时拨开信息迷雾，揭示事件真相，从而维护信息生态的健康。通过彰显人的主体性，将甄别信息真伪作为职责，主播能够在多元化的信息环境中持续保持对受众的吸引力。

（二）保持观点独家性，提高舆论引领力

1. 深入调研背景信息，提供独特视角

为了保持观点的独家性，新闻主播应深入调研背景信息，挖掘独特的视角和新颖的分析切入点。在新闻策划阶段，主播可以通过查阅学术文献、分析数据报告和采访专家学者，全面掌握事件的历史背景、社会环境和政策脉络。例如，在报道国际关系或地缘政治问题时，主播应结合历史资料与当前数据，对事件的成因与走向进行深入剖析，避免浮于表面的解读。在涉及社会热点或公共政策的报道中，主播还可以通过访谈或调研，找到事件中不同利益相关方的立场与诉求，以多元化的视角呈现事件的复杂性与多样性，从而为受众提供更具深度和独家性的见解。

2. 保持专业独立性，抵制迎合与模仿

新闻主播在保持观点独家性和提高舆论引领力时，应坚守专业独立性，抵制迎合与模仿。在数字媒体环境中，流量导向与商业利益容易使主播产生迎合受众偏好或模仿他人风格的行为，导致观点缺乏独创性与深度。为了避免这种情况，主播应始终坚持专业主义原则，在报道和评论中保持中立客观，基于事实与逻辑独立分析事件，避免受到外界压力或流量驱动的影响。例如，在争议性话题或热点事件中，主播应摒弃迎合大众情绪的倾向，勇敢提出独到见解，并以翔实的数据和理据进行论证。这种专业独立性不仅能够赢得受众的信任，还能树立主播作为公共知识分子的权威形象，为其观点的独家性奠定基础。

3. 整合多渠道传播资源，放大独家观点影响力

为了放大独家观点的影响力，新闻主播应整合多渠道传播资源，实现观点的广泛传播与覆盖。除了在传统新闻节目中发表观点外，主播还可以利用短视频、播客、直播和社交媒体等多元渠道，扩大独家观点的传播范围。例如，可以在短视频平台上以精简的形式发布观点摘要，在播客中进行深入的专题讨论，或在直播节目中与观众实时互动。此外，主播还可以与自媒体达人、意见领袖和行业专家合作，共同探讨热点议题，吸引更多不同圈层的受众关注。通过多渠道传播，主播能够增强其观点的影响力，提高自身在舆论场中的话语权与引领力。

（三）加强人机协作，产生情感共鸣

在智媒时代，新闻主播需要学会充分利用先进的人工智能与数据技术，提升人机协作的效率。在信息处理方面，数据挖掘和自然语言处理技术能够为主播提供翔实、精准的材料，使其能够从多维度了解事件动态并做出专业判断。而在节目制作上，虚拟主播和虚拟现实技术可以营造出更生动的视觉效果，将观众带入新闻场景中，提高互动性和代入感。此外，人工智能的情感分析与情绪识别技术，还能协助主播了解受众的情感反应，以便在新闻解说和评论中更精

准地与他们产生情感共鸣。通过人机协作，主播不仅能够增强节目效果，更能在互动中建立与受众之间的信任和联系。

三、拓展学科视野，加强智媒技能应用

（一）打破学科边界，提升综合知识素养

为了适应智媒时代对新闻主播的多样化需求，主播需要打破传统的学科局限，拓展跨领域知识。传媒业正与社会科学、自然科学、计算机科学等学科紧密融合，主播应在掌握新闻传播基本理论的同时，涉猎数据分析、人工智能、法律法规、商业逻辑和社会心理学等多元知识体系。通过学习跨学科知识，主播能够更好地理解新闻事件的背景和影响，以更全面的视角对事件进行报道和评论，从而使新闻内容更具深度和权威性。同时，掌握不同学科的知识还能帮助主播从更加独特的角度剖析问题，提出新颖而有效的解决方案，为智媒时代的新闻内容注入更丰富的思考与价值。

（二）提升技术水平，增强智媒操作能力

智媒时代要求主播在内容创作与传播过程中具备相应的技术操作能力。例如，主播应熟练掌握视频剪辑、图像处理和数据可视化等技能，使其能够在短时间内完成新闻素材的高效制作。同时，还应灵活运用多种智能工具，如自动字幕生成、情感分析与机器翻译等，为节目创作节约时间和成本。在直播或线上采访过程中，主播要具备操作直播软件与硬件设备的能力，确保网络信号稳定、画面清晰。此外，通过使用大数据分析工具和舆情监测系统，主播可以精准掌握受众的兴趣与反馈，从而及时调整节目内容策略，提高节目的互动性和传播效果。

（三）构建智媒网络，提升团队协作效率

1. 引入协作工具，实现团队高效协作

为了提升团队协作效率，新闻主播应引入先进的协作工具，实现团队成员之间的无缝沟通与信息共享。例如，利用项目管理软件，主播可以将新闻策划、采访、编辑与发布等环节清晰地分配给团队成员，并实时跟踪任务进度，确保每个环节都能高效完成；通过云端共享平台，团队成员可以随时随地共享素材、文稿和数据，减少信息传递的延迟与错误。直播导播系统和虚拟演播室技术可以帮助团队实时管理直播过程中的内容切换、字幕添加与互动弹幕等环节，使节目制作更加流畅。此外，通过即时通信工具，主播能够及时与团队沟通，处理突发状况，提高团队应对变化的灵活性。

2. 构建共生生态，打造智媒合作联盟

主播应通过构建共生生态，打造智媒合作联盟，进一步拓展团队协作的广度和深度。联盟可以吸纳不同领域的专业团队与个人，涵盖独立记者、自媒体达人、技术公司和学术机构等，

形成一个互利共赢的智媒生态系统。例如，主播可以与独立记者或自媒体达人合作，借助他们在特定领域的专业能力与粉丝影响力，提高新闻报道的多样性与覆盖面；与技术公司合作，引入虚拟主播、AI剪辑和智能推荐等新技术，增强新闻节目的互动性与独特性；与学术机构合作，开展数据分析、舆情研究与议题策划，提高新闻报道的科学性与权威性。通过打造智媒合作联盟，新闻主播不仅能够提升团队协作效率，还能构建起一个开放、多元、共生的智媒网络，为新闻报道带来更多创新与可能性。

第三节　数字媒体新闻从业者的突破与超越

新闻从业者在当下所面临的职业倦怠和职业自我认知危机可统归为"价值感知危机"。正是这种对自我价值效能低下感知的窘境，致使新闻职业主体在政治、经济、文化、技术等相互交织作用的社会系统中陷入异化劳动、职业理想认知偏差、专业权力离散的生存困境。新闻价值与意义即成为新闻人职业生存的观念根本与精神归宿，亦是解决生存之惑的突破点。但在阐明可能解决路径之前，尚有必要对此突破点的择取进行认识误区纠偏，即回归新闻价值和意义并非意味着始终以此为据点，片面空洞地指示个体生产此类新闻。若是如此，新闻不但会因此沦为"鸡汤"而减弱传播性，更偏离了新闻价值和意义的核心本质，无法发挥其连接和对话公共的效用，倒向偏狭的回归理解。立足于此的核心要义在于以新闻价值与意义为轴心支持，引导新闻从业者进行全方位的新闻整合生产，融入新兴技术、市场需求、新闻产制者等多元化元素，生产出符合新闻发展规律且融入时代的具有动态发展性的新闻，由此达成个体的生存解放。

一、浅论价值、新闻价值和意义

作为抽象性概念，价值、新闻价值和意义三者的意涵相对广延，具有多义性和复杂性，置于不同语境将析出各异的理解。

（一）价值概说

价值是哲学和社会科学中的核心概念，它反映了人与世界之间的复杂关系，揭示了事物的重要性及其满足人类需求的程度。在不同的学科领域中，价值的定义和阐释方式各有差异。经济学上，价值常与效用、稀缺性相联系；伦理学则注重行为和信念的道德价值；在美学领域，价值与审美判断相关联。在新闻传播领域，价值既可以是新闻从业者对真相、事实的追求，也可以体现在新闻内容对社会、公众的意义和影响上。理解价值的多样性和复杂性，有助于新闻从业者在数字媒体的语境中更清晰地定位自身职责，保持对社会问题和公众利益的关注，确保报道的准确性、真实性和公正性，从而实现传播活动的积极意义。

（二）新闻价值概说

新闻价值是指某一事件或信息在新闻报道中被选择、呈现和传播的相对重要性，它直接影响到新闻内容的取舍和编排。传统的新闻价值标准包括及时性、重要性、显著性、接近性和趣味性。在数字媒体时代，新闻价值的评估变得更加复杂，除了传统标准外，还需考虑网络传播的特性，如病毒性、互动性和多样性。不同的受众群体和平台对新闻价值的偏好也各不相同。

在社交媒体和算法驱动的环境中,受众的关注度和反馈会直接影响新闻的传播路径和覆盖范围。因此,数字媒体新闻从业者应灵活应用新闻价值的标准,根据不同平台的特性和受众需求,选择并调整新闻内容,使之既能引发舆论关注,又能在快节奏的传播中保持权威性和独特性。

(三)意义概说

意义不仅包括对事件本身的客观描述,还指向事件所蕴含的社会、文化和政治层面的影响。揭示新闻的深层次意义,需要超越对表面现象的报道,通过深度调查和背景资料,发掘新闻事件的成因、过程和潜在影响,从而提供全景式、关联性的解读。同时,新闻的意义还在于引导公众舆论,引发社会公众的反思与行动。例如,在面对全球性问题时,新闻报道应揭示问题背后的结构性因素,引导不同群体和利益方进行理性讨论。数字媒体新闻从业者应在复杂多变的传播环境中,始终秉持对社会责任和公共利益的敏感性,帮助受众更好地理解事件的社会意义并从中获得启示。

二、"作为生活方式的新闻":寻回新闻价值与意义的方法论

(一)理解"作为生活方式的新闻"

"作为生活方式的新闻"旨在探索新闻内容与日常生活之间的密切联系,并将新闻作为一种活跃在人们日常生活中的信息工具。它不仅呈现全球性的重大事件,还通过关注饮食、旅行、健康、时尚、娱乐等领域,进一步贴近受众的兴趣点。新闻工作者应深入挖掘这些与生活方式相关的领域,将严肃新闻与轻松趣味的内容相融合,以多维度呈现大众关心的热点话题。在这种方法论的指导下,新闻传播需要更敏锐地捕捉日常生活中的细节,反映出时代的变化、社会的潮流和公众的偏好,并借此提升新闻内容的趣味性、互动性和吸引力,使其更深入地嵌入受众的生活方式。

(二)"生活质量":新闻价值与大众生活的串联中介

"生活质量"是新闻价值与大众生活之间的重要中介,将受众关心的实际问题与新闻报道紧密结合。通过聚焦医疗、教育、住房、环境、消费、文化娱乐等方面的内容,新闻工作者能够为大众提供相关政策解读、实用信息和生活指南。这种报道不仅反映了社会现状,也回应了受众的切身需求,体现出新闻的实用性和服务性。在数字媒体时代,通过社交平台的数据分析和互动反馈,记者可以更好地识别受众对生活质量的关注点,调整报道内容与形式,使新闻成为改善生活的重要工具,增进与大众的联系,提升传播效果。

(三)以叙事策略呈现新闻的社会意义

在数字媒体环境中,新闻的叙事策略显得尤为重要,它能够帮助新闻报道超越简单的事件陈述,赋予新闻更深层次的社会意义。新闻工作者可以通过讲述与事件相关的个人故事,将宏观的社会问题转换为能够激发情感共鸣的具象情节,帮助受众更深入理解事件背后的影响。通

过借鉴电影、文学等叙事手法，新闻报道能够在逻辑上建立层次分明的情节结构，提供更加全面的背景信息，并揭示多重视角下的事件发展脉络，增加报道的深度和吸引力。在互动媒体中，记者还可以利用多媒体资源提供互动式的新闻体验，让受众在获取信息的同时参与新闻叙事的构建，增强其对新闻内容的理解。

（四）多平台策略实现全方位新闻传播

新闻工作者应灵活运用短视频、播客、社交媒体、网站等多种数字媒体渠道，将报道内容以不同形式突出各平台的特色。例如，在短视频平台中，新闻内容应简洁明了，并以图文、视频结合的方式快速吸引受众注意力；播客中可以以音频为主，深入探讨热点话题或剖析事件细节；社交媒体的交互性则适用于实时事件的跟进报道和话题讨论。通过整合多种媒体渠道，新闻传播能够最大化地覆盖不同的受众群体，使新闻传播的广度和深度得到有效提升，从而为受众提供更加丰富、多样和个性化的资讯服务。

三、方法论的实践："故事说"的日常嵌入与连接

（一）"故事"与新闻：超越信息的生命体验交融

1. 赋予新闻内容生命体验的温度

在数字媒体时代，单纯的信息传递已经无法满足受众的多样化需求，而具有情感温度的生命体验则成为提升新闻价值的重要元素。通过讲述新闻事件中人物的真实经历，展现他们的情感、心态变化和选择过程，可以使新闻报道在叙事中带有情感张力，促使受众产生共情和深入的思考。例如，在经济、政治等宏观事件报道中，记者可以通过呈现家庭、个人的具体生活故事，揭示政策变化对普通人日常生活的影响，让受众对事件产生更深刻的理解。这样的叙事方式不仅能让新闻内容更贴近生活，还能通过生命体验的温度实现新闻与受众之间的深层互动与连接。

2. 将"故事说"融入多媒体叙事结构

多媒体时代赋予新闻报道更多的可能性，使"故事说"叙事方法能通过图片、视频、音频、图表等多样化的媒介呈现出来，打造更加立体的新闻体验。将文字与多媒体元素相结合，新闻报道可以通过丰富的视觉、听觉效果，让受众更直观地了解新闻事件。例如，利用数据可视化将复杂的社会现象清晰展现，或使用音视频让历史事件鲜活重现，从而提升新闻叙事的可信度和感染力。这种多媒体叙事结构能够打破单一报道方式的局限，将受众带入故事的情境中，满足他们对新闻的沉浸式体验需求。

3. 以"故事说"建立日常情感的嵌入与连接

"故事说"的叙事方法在新闻传播中还可以通过强化日常情感的嵌入和连接，实现与受众的深度互动。在报道中，记者可以从普通人的角度出发，将事件置于受众熟悉的日常生活场景

中，让受众产生"这可能发生在我身上"的心理共鸣。例如，在城市环境或社会问题报道中，记者可以深入社区或访谈个体，挖掘他们与环境变化或社会问题的互动经历，让抽象的事件与受众的具体生活联系起来。这种报道方式能够引发受众对自身处境的思考和对新闻事件的积极参与，为新闻传播注入真实且贴近生活的情感力量，形成更紧密的内容互动网络。

（二）"说故事"与非异化生存：创意劳动的介入

1. 打破僵化叙事，让新闻报道富有灵魂

数字媒体时代，为防止内容创作陷入公式化、刻板化的桎梏，新闻从业者应充分发挥自身的创意劳动，使"故事说"呈现出真实鲜活的魅力。打破僵化叙事模式，需要新闻从业者以更灵活的方式嵌入独特视角与创新表达，使每个故事成为有温度、有深度的作品。例如，记者可以通过巧妙设置背景情节，或以一种让人意想不到的方式引出新闻事件的核心问题，从而激发受众的兴趣与思考。在内容策划中，融合不同媒介形式，如图表、动画、播客等，令信息呈现形式更加灵活多样，可以带给受众更全面的体验。打破传统叙事的僵化框架，有助于吸引受众从多角度深入理解事件的全貌。

2. 创意劳动介入，抵制内容生产的异化倾向

在商业化和流量导向的压力下，新闻从业者常常面临内容生产异化的风险：追求速度而忽视质量，迎合算法而牺牲深度，导致内容同质化严重，缺乏内涵。要抵制这种倾向，新闻从业者应在创意劳动中介入自己的思想与价值观，打造出既独特又有实质意义的内容。记者需要从严谨的调查研究出发，挖掘新闻事件中的细节、背景与情感层次，将其转化为充满创意的报道。在这一过程中，创作者的劳动不仅体现为对信息的筛选、整理与表达，还体现在与观众的互动沟通中，通过多平台对话、及时回应和用户共创，确保内容生产符合受众需求。

3. 讲述非异化的故事，激发社会行动的力量

在创意劳动介入的基础上，新闻报道应讲述非异化的故事，激发社会行动的力量。"故事说"不仅是信息的传播工具，更是为社会问题寻找解决方案的起点。新闻从业者可以通过聚焦基层的真实故事，引导公众对社会议题展开思考与讨论，为受众提供参与行动的平台。例如，针对环境污染、社会不公或公共卫生等问题，可以深入采访普通人的日常生活，展现他们的奋斗历程和真实困境，从而引发公众对社会问题的关注和思考。同时，新闻从业者还应借助各类社交平台和媒体工具，促成受众之间的互动与合作，鼓励他们通过个人行动或组织参与，推动社会向积极的方向发展。

（三）新闻创新与情感共鸣：创意劳动的外核与内核

1. 新闻创新：以多样化创意外核呈现故事

在数字媒体环境中，新闻从业者应充分运用多样化的创意外核，使故事呈现更具吸引力。借助各种媒体形式，如短视频、播客、交互式图表和数据可视化，新闻传播可以突破传统的文字或音视频报道方式，结合新媒体特性为受众提供沉浸式体验。例如，记者可以通过虚拟现实技术，将受众"带入"新闻事件的现场，让他们切身感受到冲突或自然灾害的真实情景；或利用交互式图表，引导读者深入了解数据背后的趋势与影响。在社交媒体时代，通过实时互动或用户共创等方式，将受众的参与融入报道，使新闻内容更加生动、有趣，形成创新的传播效果。

2. 情感共鸣：以故事内核打动受众内心

一个引人入胜的故事应该从核心人物的情感出发，展现他们在事件中所经历的挣扎、挫折、希望与成长，以激发受众的共情。例如，在报道社会问题时，记者可以以普通人的个人故事作为切入点，通过描绘他们的情感与心路历程，让事件在受众心中产生共鸣。将个体故事与社会背景相结合，可以让受众感受到事件的社会影响，并激发他们对这些问题的关注与反思。通过揭示情感内核，新闻不仅能使事件更贴近受众的生活体验，还能促使他们在理解新闻的过程中形成独立判断与见解。

3. 平衡创意外核与情感内核的深度融合

新闻创新的创意外核与情感共鸣的内核并非孤立存在，而是互相依存，需在报道中实现深度融合。一方面，创意外核作为吸引受众的重要工具，应当在形式上不断探索新的表现手法，使故事更具感染力和吸引力；另一方面，情感内核则确保故事具有深层次的意义和价值，让受众不仅关注表面的视觉或听觉体验，还能够深入理解故事所反映的社会现实与人性。在平衡两者关系的过程中，新闻从业者需始终保持内容的真实性与公正性，将创意与情感融为一体，既保持外在创新形式的独特性，又通过共鸣内核赋予故事以思想和情感的力量。只有这样，新闻才能在形式与内容上都获得突破，从而对受众产生深刻影响。

（四）价值重构与对话公共：主体性生存意义的觉醒

1. 重构新闻的价值框架，回应社会关切

在日益多元的数字媒体环境中，新闻的价值框架需要不断重构，才能更好地回应社会关切。新闻从业者应当主动识别当代受众的价值诉求，并将其融入报道中。例如，在全球变暖、社会不平等、公共卫生等重大议题中，新闻从业者需超越传统的报道方式，将新闻报道建立在公共利益和社会责任的基础上，揭示这些议题对不同群体的深远影响。通过从各个维度呈现对问题的深度思考，提供全面、多元的背景信息，新闻报道能够引导受众思考并共同探讨问题的根源，

为社会带来更具建设性的对话。

2. 通过对话公共领域实现主体性生存的觉醒

"故事说"作为一种连接与嵌入的方法论，可以通过讲述真实故事与公共领域展开对话，唤醒受众的主体性生存意识。新闻从业者应通过广泛的公众参与，将日常生活与新闻议题相结合，让普通人在讨论过程中发现自身与社会问题的关联。例如，在城市更新或社区改造的报道中，记者可以采访市民的意见，呈现他们对生活环境的期待，并在报道中提供不同方案的优劣比较。这种方法不仅能够增强公众对自身生活的关注度，还可以激发他们的主体性生存意义觉醒，使他们认识到自身的力量与责任，为推动社会改变贡献自己的声音。

3. 倡导多方对话与合作，促成价值共识

在重构价值与公共对话的过程中，多方对话与合作是新闻从业者实现报道目标的关键途径。记者应当积极搭建多元化的沟通平台，使不同群体能够分享彼此的观点与诉求。例如，通过举办线上论坛或直播讨论，邀请专家、从业者与普通市民共同参与，就热点问题进行交流。这样的多方对话能够在新闻报道中促进价值共识的达成，让不同利益相关方理解彼此的立场，寻找解决问题的办法与行动路径。新闻从业者在报道中扮演协调者与沟通者的角色，不仅能够引导受众从更广阔的视角看待新闻议题，还能推动社会对关键问题的认知与合作，为公共领域注入更多积极的互动与联结。

第四节　数字媒体新闻从业者的德性培育

一、数字时代新闻从业者行为正当性的伦理论证

新闻从业者对其职业声誉和信誉甚是关心，认为其个人声誉同自己的职业声誉休戚相关。在这种内在驱动下，被确定下来的新闻伦理准则成为记者内在的一种道德价值观。这一价值观体现出的是理想且跨环境的目标，其重要性虽然并不相同，却是人们社会生活中的指导准则。价值观是人类道德行为的内在根源和驱动因素，道德价值观是"那些导致人们以道德上良好和正确的方式行事的美德"。道德价值是客观的，"所有公正的理性人都希望每个人都拥有这些价值"。但是在具体实践中，每一个新闻从业者持有道德价值观的程度不同，并不是每个人都按照他们自认为拥有的道德价值观行事。

在美德伦理学中，没有能够处理所有问题的简单规则，也没有可以决定正确行动方针的一般规则。生活的复杂性无视这些规则的制定。有一些重要的一般原则，但不能用这些原则来确定在特定场合应该如何表现。用麦克道尔的话来说，"一个人应该如何生活？"这个问题是通过一个有道德的人的概念来解决的。在美德伦理学中，事物是"由内而外"的，可以说是由内而外掌握了正确行为的概念。

根据美德伦理学的方法，伦理学中的基本判断是有关于性格的判断。它表明正确的行为是由具有正确性格状态的人所做的。美德是第一位的，人们通过诉诸美德来理解该做什么。在新闻业中，人们历来将公正、诚实、勇敢、关怀等看作从业者应拥有的美德。当人们谈及诸如"公正""诚实""勇敢"和"关怀"时，人们的脑海中瞬间浮现出相应的美妙场景，出现"美德等同"效应。所谓"美德等同"，是指人们在由具象化的德性词语刺激所产生的特殊心理反应，人们不由自主地将自己等同于某个或者多个具体美德的化身。在这种幻象中，有缺点的人被虚幻为完美无缺的人，进行自我完美的德性体现。这种德性体现与真实的那个"我"并不完全相同，不过，这种体验的意义在于，这样的体验可以将个体符合某种或多种标准的具体美德自动组合成一个新的自我形象——符合美德要求的"德性人"。这个形象一旦浮现在脑海里，他就具有了美德的鉴赏能力，对善恶的识别促使其在以后的生活中，可能将善变成首选项，而非善和恶的选择优先权将受到自我限制。

（一）真实审慎与事实维度的伦理考量

1. 真实审慎：在快速新闻传播中的道德责任

数字时代，新闻传播的速度大幅加快，新闻从业者在追求时效性的同时需承担真实审慎的道德责任。在突发事件报道中，新闻从业者应坚守职业道德，确保消息来源准确、可靠，并通过多方核实和审慎验证，将真相完整呈现。在新媒体环境下，各类传闻和未经证实的信息很容易通过社交平台扩散，这对新闻从业者的专业素养和判断力提出了更高的要求。通过坚守真实审慎的原则，新闻从业者不仅可以避免传播谣言或误导公众，还能够在混乱的资讯环境中成为可信赖的声音，增强受众对新闻的信任与依赖。

2. 事实维度：综合多元视角揭示复杂现实

新闻从业者应在报道中坚持多元视角，全面呈现事实维度，避免以偏概全和断章取义。在涉及多方利益的事件中，仅凭单一视角无法揭示事情的全貌。记者应深入采访利益相关方，从不同角度了解事件的背景和发展，以综合的方式揭示事实的复杂性。例如，在报道环保问题时，既要关注环保组织的声音，也需倾听企业和当地居民的声音，从而反映各方立场背后的真实需求。通过这种综合性报道新闻，从业者不仅能提供更具深度的新闻内容，还能够让受众在多方信息的交织中形成独立见解，确保新闻报道的公正与完整。

3. 平衡伦理考量，避免伤害与歧视

新闻从业者在报道中需平衡不同利益群体的伦理考量，避免对弱势群体造成无意的伤害与歧视。对敏感事件或人物的报道，如犯罪案件、家庭纠纷或个人隐私等，应避免煽情和标签化的叙事方式，应充分尊重当事人的权益与尊严。在涉及种族、性别、宗教等问题的新闻中，从业者应坚持平等对待的原则，以事实为依据，摒弃刻板印象和偏见，确保报道的中立性。此外，记者应警惕网络暴力的蔓延，不应迎合社会偏见或偏激情绪。在数字媒体环境中，平衡多方的伦理考量，确保报道的公正与尊重，将有助于建立起良好的媒体环境与社会共识。

（二）人文关怀与关系维度的伦理考量

1. 重视人文关怀，深入探究社会现实

在新闻报道中，人文关怀是新闻从业者不可或缺的职业操守。记者在报道社会事件或群体问题时，应当超越简单的事件陈述，深入探究其中的人性层面。例如，在贫困、疾病、灾难或移民问题的报道中，记者不仅应呈现社会问题的表象，还需挖掘背后隐藏的复杂原因，通过讲述个人的生活经历，展示他们面对困境时的情感与心理状态。在这类报道中，人文关怀可以帮助新闻从业者将受众的注意力转向被忽视的社会问题，让更多人意识到现实中存在的痛点与不公，并进一步思考自身在公共事务中的角色与责任。

2. 维护关系维度，尊重报道对象权益

数字时代的新闻报道涉及多样的社会关系，其中的伦理考量至关重要。记者在采访与报道中，应当充分尊重报道对象的权益。例如，在报道犯罪受害者、未成年人、患病患者或社会弱势群体时，需小心处理与他们的关系，避免过度曝光或将他们标签化。新闻从业者应努力保障当事人的隐私受到保护，确保报道符合他们的利益与意愿。在敏感事件中，记者需尽量减少对相关人士的负面影响，以人道主义精神对待所有参与者，使新闻报道成为帮助与改善他们生活的工具，而非无意伤害的手段。

3. 平衡舆论与现实，促进公共关系和谐

新闻从业者在平衡人文关怀与现实报道时，需把握好舆论引导的尺度，确保公共关系的和谐。例如，在涉及社会矛盾或争议性事件时，记者应避免煽动性、对立化的叙事方式，不应助长公众对某一群体或观点的偏见与敌意。相反，新闻从业者需在报道中引入多样的观点和中立的立场，减少不必要的对抗情绪，促成理性、包容的公共讨论。通过多维度揭示事件的真相，让受众能够从全局出发做出判断。以负责任的方式引导舆论，新闻从业者可以为社会带来更多建设性对话，提升公共关系的包容性和和谐性。

（三）责任公正与方法维度的伦理考量

1. 责任意识：担当信息传播的社会责任

快速传播的网络环境给不实信息与谣言的扩散提供了土壤，因此，记者和编辑应更加自觉地承担起传播准确、真实信息的责任。无论是突发事件的实时报道，还是政策性内容的深度解读，新闻从业者都应确保消息来源的可靠性、核实信息的完整性，并通过多方交叉验证杜绝错误传播。此外，针对社会中存在的谣言或误导性观点，新闻从业者有责任及时辟谣、纠正舆论，使公众保持对事实的清晰认识。以高度责任感进行信息传播，有助于建立新闻行业的公信力，让受众能够依赖和信任媒体提供的信息服务。

2. 公正立场：确保新闻报道的平衡与客观

数字媒体时代的多元舆论环境要求新闻从业者保持公正立场，确保报道的平衡与客观。记者在处理复杂的社会事件时，必须摒弃个人或机构的偏见，不得对任何一方进行抹黑或美化，反而应当通过多维度的调查、采访和数据分析，为每个利益相关方提供表达的机会。在涉及社会热点或争议性话题时，记者要尽力避免使用情绪化或煽动性语言，应以理性、平实的方式呈现事件真相。同时，还需警惕被虚假信息或不实材料所利用，防止新闻报道成为利益方操纵舆论的工具。坚持客观的公正立场，让新闻从业者能够真正实现对公众的知情权与新闻价值的维护。

3. 方法考量：在复杂环境中灵活实践伦理原则

面对快速变化的数字媒体环境，新闻从业者还应不断优化报道方法，将伦理原则灵活实践于不同场景。首先，记者在信息采集阶段需保护相关方的隐私权与知情权，尤其是在涉及敏感话题时，应充分考虑被采访者的意愿与利益；其次，在编辑与撰写阶段，需严格区分事实与评论，不应模糊二者界限，确保新闻内容符合事实，并在呈现观点时明确注明；最后，在新闻发布与传播过程中，编辑应监测内容的传播效果，必要时对不实信息进行纠正或补充说明。通过对方法维度的反复考量，新闻从业者能够更加有效地平衡公众知情权与相关方利益，确保报道方法符合伦理标准。

（四）诚实勇敢与价值维度的伦理考量

1. 诚实立场：揭露真相与捍卫新闻的独立性

数字时代的新闻从业者应坚持诚实的立场，将揭露真相作为其职业伦理的核心。面对权力、资本和利益集团的潜在压力，新闻从业者需勇敢捍卫自身的独立性，以真实的报道还原事件的真相。例如，在报道政治腐败或环境污染等敏感事件时，记者应敢于追寻事实，通过多方采访和严谨调查揭露真相，同时抵御外部施加的各种影响。在社交媒体的环境中，诚实立场还要求从业者保持对信息的审慎判断，不盲目迎合流量导向或炒作情绪，确保新闻报道不受社交平台算法偏向的干扰。

2. 勇敢表达：挑战不公与抵制恶劣风气

新闻从业者在维护社会公正的过程中，应勇敢表达立场，通过揭示不公平现象为弱势群体发声。面对社会不公、歧视或欺压等现象，记者不仅需真实报道，还应结合数据和事实进行深度剖析，揭示问题背后的结构性矛盾，挑战强权对舆论的操纵。例如，针对公共卫生和社会福利等议题，新闻从业者应深入调查政策的实际执行情况，揭露政策盲点和对特定人群的负面影响。同时，还需抵制炒作、抹黑和网络暴力等恶劣风气，避免让新闻报道成为负面舆论的助推器，确保公共讨论在理性的框架内进行。

3. 价值考量：维护新闻职业伦理与公共利益

在数字媒体环境中，新闻从业者应在报道过程中严格遵守职业伦理，以公共利益为最终导向。职业伦理要求记者始终把社会责任放在首位，摒弃为个人利益或机构偏见服务的行为。例如，在广告投放和品牌合作中，应清晰区分商业内容和新闻内容，不得误导受众将广告内容视为真实新闻。此外，新闻从业者需保持对新闻价值的高度重视，在严谨求证和事实准确的基础上，客观、全面地为受众提供信息服务，确保公众能够依赖新闻报道作出明智的判断。通过坚守职业伦理，新闻从业者可以在信息泛滥和观点分化的环境中重新建立起可信赖的媒体价值。

（五）建设性与规范维度的伦理考量

1. 建设性报道：推动正向社会对话与行动

在数字媒体环境中，新闻从业者需始终保持建设性的立场，通过报道促进社会正向对话与行动。例如，在报道公共政策或社会问题时，不应仅仅揭露问题本身，还应深入挖掘各利益相关方的诉求，寻找可能的解决方案，并通过多样化的内容呈现方式鼓励公众共同参与。在涉及冲突事件时，记者可以采访各方代表，确保报道具备包容性与多样性，让受众了解不同立场的合理性，避免煽动偏见或情绪对立。通过这种建设性报道，新闻不仅能为社会争议提供理性对话的平台，还能够引导受众在复杂的舆论环境中找到合作与共情的途径。

2. 规范报道：坚持职业准则与信息透明

新闻从业者在报道中需严格遵循职业准则，保持信息透明与报道的可核查性。首先，记者应确保信息来源可靠，避免使用匿名消息，除非基于安全与隐私的考虑，并需充分验证匿名来源的可信度。其次，在撰写与编辑过程中，应将事实与评论区分开，避免模糊二者的界限，让受众清楚了解报道的立场。再者，记者需维护报道的完整性，不随意拼接或篡改素材，确保呈现的内容符合真实的情境和语境。通过规范报道流程与操作，新闻从业者可以有效防范错误信息的传播，增强报道的信任度与权威性。

3. 伦理评估：持续反思报道方法与规范

数字媒体新闻从业者需将伦理评估贯穿于报道的每个阶段，持续反思报道方法与规范。在信息采集阶段，应评估采访方式是否会对当事人造成潜在伤害或侵犯隐私；在编辑与写作阶段，应反思是否存在先入为主的偏见或不平衡的立场；在发布阶段，需考虑受众的心理反应与传播风险，确保报道不会产生负面影响。此外，新闻机构还应建立完善的内部审核机制，定期对报道进行质量检查，纠正偏差与漏洞。通过持续的伦理评估与自我反思，新闻从业者能够不断改进报道策略，确保新闻实践始终符合职业伦理与社会价值标准。

二、规范美德伦理视域下数字时代新闻从业者的行为规范

在互联网成为主要媒介传播渠道以前，内容的选择、生产和分配掌握在编辑的手中。新技术的出现消解了传统新闻媒体的界限。数字媒体技术的不断迭代将带来更多不同的技术视角来影响媒体伦理。假设数字媒体将创造一个更加开放的媒体环境，为了使这些新技术带来的传媒业变革更好地满足社会对媒体的期待，需要引导其满足许多规范性条件。那么，新闻道德应如何参与到这种新规范的建构中？什么规范准则应指导这种参与？

美德伦理模糊且缺乏行动指导的观点引起的一个重大担忧是，它无法为人们提供一种让人们对行动负责的方式。从本质上讲，道德是实用的；它不仅仅作为行动指导，还需要促进行为评估。以专业身份，人们的行为方式通常会导致根据结果和规则及原则的背景来判断他们的行

为是错误的和不道德的。道德不仅要告诉人们该做什么，还要评估所采取行为的可接受性。美德伦理提供了行为评价和人评价的见解，从专业的角度来看更有价值。

（一）强化新闻实践与职业共同体的规范

1. 坚守新闻实践的独立性与客观性

在数字媒体时代，新闻从业者应坚守新闻实践的独立性与客观性，以确保报道内容的公正与可信。独立性要求新闻从业者抵制来自政治、经济或社交媒体等外部力量的干扰，不被特定利益集团所左右。客观性则要求记者在事实核实和信息整合过程中，摆脱主观偏见，将不同角度的信息呈现出来。例如，记者应确保采访和报道涵盖多方声音，为受众提供全面的信息视角。在涉及社交媒体上的舆论热点时，新闻从业者应避免被情绪化的言论和算法导向影响，应保持冷静与理性。坚守独立性和客观性可以使新闻报道在纷繁复杂的数字环境中保持清晰的视野和提升信任度。

2. 促进职业共同体的互助与交流

职业共同体是新闻从业者在数字媒体时代的重要支撑，其内部的互助与交流对新闻实践具有积极意义。新闻从业者可以通过参与行业组织、学术会议、线上论坛等形式，分享新闻采编经验、交换报道策略、探讨职业规范。这样的互动不仅能够帮助个体从业者了解行业发展趋势，还能增强集体行动的力量，共同抵制不良信息传播，维护职业道德与新闻公信力。在面对外部压力或道德困境时，职业共同体可以形成强有力的支持系统，为个体从业者提供建议、辩护与协助。

3. 确保规范实施与持续性学习

新闻机构可以通过制定明确的道德准则、组织定期培训和质量评估，确保新闻从业者能够掌握职业规范并在实践中落实。例如，机构内部的审核团队可以负责监督报道流程，及时发现和纠正潜在的偏差；针对新兴技术和传播形式，机构需不断更新规范内容，为从业者提供实用的指导方针。同时，记者和编辑还应持续学习新的新闻技巧、数据处理方法和伦理知识，使自身能够适应快速变化的数字媒体环境。通过确保规范的落实与持续性学习，新闻从业者能够有效维护职业共同体的诚信和专业水准。

（二）强化新闻美德示范和经验性指导

1. 以示范行为树立新闻美德标杆

数字时代的新闻从业者应通过自身行为树立新闻美德的标杆，为行业内其他人提供参考和榜样。示范行为包括在报道过程中坚持准确性、客观性与公正性，以身作则，不为流量或商业利益而放弃原则。记者和编辑应严格审查信息来源，确保所核实内容的真实性，并通过多方调查呈现事件的全貌。在涉及敏感或争议性话题时，新闻从业者还应当在表达上保持理性与客观，不故意激化矛盾或煽动情绪。通过这种以身作则的美德示范，优秀的新闻从业者可以为整个职业共同体注入正能量，让其他人认识到新闻实践应遵循的高标准。

2. 分享经验以启发和指导同行

在数字媒体环境中，分享经验是强化新闻美德的重要方式。通过线上线下的互动交流，资深记者和编辑可以与同行分享他们在新闻实践中总结出的宝贵经验。例如，在调查性报道、新闻写作、数据新闻或视频制作等专业领域，具备丰富经验的从业者能够以实际案例启发年轻一代，指导他们更好地应对新闻报道中的伦理挑战和技术难题。此外，分享经验还应包括道德困境中的应对策略，以及如何在新闻机构内推动职业规范的执行。通过这种经验性指导，新闻从业者可以逐步达成更广泛的职业共识，提高行业整体的美德水平。

3. 推动规范与美德的有机结合

新闻美德不仅需要个人的自觉实践，还应在机构层面与职业规范有机结合。新闻机构可以通过设立奖项、编写优秀报道案例集、举办美德主题的研讨会等方式，鼓励新闻从业者积极学习并遵循规范。例如，机构可以每年评选出最佳调查记者、最具公信力新闻主播或最有创意的新闻制作者，激励全行业追求更高的职业道德标准。同时，新闻机构还应将规范写入新闻从业者的行为准则或职业手册中，使其成为日常工作的指导方针。通过强化新闻美德的示范和经验分享，新闻从业者的职业伦理可以得到系统性的提升，使行业在规范化与美德示范方面保持良性发展。

（三）强化潜在新闻从业者的伦理和职业规范

1. 教育行为潜在从业者理解新闻伦理的重要性

对潜在新闻从业者的伦理与职业规范教育应从基础理念入手，确保他们充分理解新闻伦理的重要性。新闻教育机构应将新闻伦理作为核心课程，帮助学生认识到准确性、客观性和独立性等原则的实际应用，并通过案例分析让他们理解真实世界中的伦理困境。还可以邀请业界专家开展讲座或组织实践活动，让学生亲身体验新闻从业者在不同报道情境中的道德责任。例如，在模拟突发事件报道的实战练习中，学生可以更深入地理解如何在时间紧迫的情况下保持报道的准确性与完整性。

2. 培养潜在新闻从业者对职业规范的敬畏与尊重

对潜在新闻从业者的职业规范教育需注重培养他们对规范的敬畏与尊重，使其在职业生涯中始终遵守相关标准。除了在课程中教授具体的职业规范，新闻教育机构还应强调其重要性和历史发展过程，解释规范背后的价值理念，让学生认识到遵循规范是维护行业公信力的基石。此外，机构可以组织学生模拟新闻采编，要求他们严格遵循规范流程，反复练习，养成良好的职业习惯。通过培养潜在从业者对职业规范的尊重，学生能够在未来新闻工作中更加自觉地维护新闻的职业操守。

3. 搭建实习与培训平台，让潜在新闻从业者践行规范

教育机构和新闻行业应共同搭建实习与培训平台，让潜在从业者在实践中践行职业规范。在实习期间，学生可以深入新闻机构的各个部门，了解从策划、采访、编辑到发布的完整流程，并在专业人员指导下逐步掌握职业规范。例如，他们可以在新闻编辑部参与稿件审核，学习如何判定新闻的真实性；或在调查报道组协助资深记者，观察如何处理不同来源的信息和维护当事人的权益。新闻机构还可以组织学生参加定期的培训课程，让他们学习最新的新闻技术与规范要求。通过实习和培训，潜在新闻从业者能够在实际操作中加深对伦理和职业规范的理解，为未来职业发展打下坚实基础。

（四）强化制度建设与美德伦理的协同

1. 建立健全制度，提供明确的道德指引

在数字媒体环境中，新闻机构应当建立完善的制度，为从业者提供明确的道德指引。新闻机构可以制定系统的伦理准则和行为守则，将准确性、独立性、客观性、透明度等核心原则纳入其中。通过这些规范化的文件，记者和编辑在处理突发新闻、争议事件和敏感话题时能够有章可循，确保报道符合道德标准。同时，新闻机构还应设立内部审核与监管机制，及时发现并纠正潜在的伦理问题，以防止报道中出现偏见、失实或过度曝光等问题。健全的制度可以有效促进新闻从业者在实践中保持职业操守，增强新闻内容的可信度和权威性。

2. 协同美德教育，构建多层次培训体系

在制度建设的基础上，新闻机构应加强与教育机构合作，构建多层次的美德培训体系，以培养新闻从业者对伦理原则的自觉意识。新闻教育机构可以将美德伦理作为课程的重要组成部分，借助案例教学和模拟实习，让潜在从业者充分认识到职业道德的意义与重要性。新闻机构则可以通过组织内部培训、定期审核、专家讲座等方式，强化从业者的职业美德。例如，定期邀请资深记者或道德委员会成员分享他们在新闻实践中的美德经验，并根据最新行业发展情况更新培训内容。通过这种制度与教育相结合的方式，新闻机构能够在美德培养方面形成长效机制，使新闻从业者在工作中自觉遵循职业规范。

3. 多方合作建立美德伦理监督与反馈机制

制度建设与美德伦理的协同还需要完善监督与反馈机制，新闻机构、监管部门与公众应形成合作，共同推动这一机制的建立。新闻机构可以设立道德委员会或独立的新闻评议机构，对报道内容进行定期检查，确保其符合伦理准则。同时，应鼓励公众和监管机构通过在线举报、问卷调查和定期评估等方式，积极参与监督与反馈。例如，在网站或社交媒体平台上设立道德

问题举报窗口，及时处理新闻报道中的不当行为或违反职业规范的报道。通过多方合作，建立全方位的监督与反馈机制，新闻从业者能够更好地将制度与美德相结合，保持自身职业道德的高标准。

第七章 数字媒体背景下新闻传播的国际发展与新技术应用

第一节 数字媒体新闻国际传播的未来趋势

一、数字媒体新闻国际传播的融合趋势

数字技术的发展和应用,将国际传播带入了新媒体的时代。从移动新媒体抢占传播先机到一系列的新媒体外交事件,这些新的国际传播现象的出现说明新媒体已经成为国际传播的重要组成部分。同时,随着互联网、智能手机、平板电脑等的快速发展,数字媒体国际传播的"融合"趋势也愈加明显。新一代数字新媒体所具有的持续的融合能力和创新能力使其在媒介融合领域占据了极其有利的地位并发挥着重要的影响力。

在新媒体迅猛发展的形势下,各国都开始围绕新媒体制定对外传播战略,进行跨国的交流与沟通。在全球"媒介融合"的趋势下,数字媒体国际传播也出现了新的融合趋势。新媒体技术日新月异,正在不断推动着国际传播的技术趋向融合,而与此同时,各国为了顺应融合的趋势,也逐渐放宽了对媒介的严格控制。此外数字媒体国际传播还在认知层面出现了"认同边界模糊"的趋势。

(一)数字媒体国际传播的技术融合趋势

伴随着数字技术、网络技术、通信技术等的发展,互联网、电信网、广电网的技术融合,使国际传播在技术上出现了融合的趋势。

1. 网络技术融合

(1)互联网新技术

互联网是当下新媒体的代表,在各项新技术的支撑下,互联网已经发展成庞大的信息传播平台和信息集成平台。互联网使图片、文字、音频、视频等内容信息得到了快速传播和充分展示。互联网以其全球性、交互性和"去中心化"等优势,不断丰富着国际传播的形式和内容,

扩大了国际传播的影响力。

以数字技术、网络技术、网络应用为基础的互联网新技术，一方面融合了传统媒体的信息内容，另一方面实现了文字、音频、视频等信息符号形态间传播介质的共享。从数字媒体国际传播的发展趋势来看，单一的媒介形式已不能适应当今的传播需求，于是通过技术融合建立能提供融合信息的平台和网络，才能在对外传播中赢得更多的受众。

（2）移动新媒体技术

移动互联网使用户可以通过智能终端获得互联网上的信息资源，享受互联网提供的服务。互联网技术和移动通信技术融合而成的移动互联网如今已成为数字媒体国际传播的主要依托。当下主要的移动新媒体代表是平板电脑和智能手机，它们可以囊括各种媒体形态并将其完美地呈现出来。

2. 终端技术融合

传播终端平台主要包括 PC 机、智能手机、电子书和数字电视等，这些终端设备一直在传播过程中起接收信息的作用，但数字技术的发展赋予了它们更多的功能，如生产和传播信息的功能。

三屏合一指的是在以用户为核心的基础上，利用现有的资源与平台，实现三屏之间资讯、视频、服务的互补、传递和统一。三网技术的趋于一致，加上智能手机的多媒体化，使三屏技术及其应用模式基本成熟，用户可以通过任何客户端实现视频播放、信息的上传和浏览等。

尽管终端技术的融合向世人展现了美好的发展趋势，但是目前各终端间缺乏统一的标准，且功能参差不齐，各终端无法互通、终端之间缺乏互联共享等，成为终端融合面临的诸多问题。因此，各终端还需在技术上继续探索，为终端的全面融合提供技术支持。

（二）数字媒体国际传播的"认同边界模糊"趋势

以互联网为代表的新媒体的崛起，在一定程度上对新技术应用和互联网的监管产生了一定影响，同时随着媒介融合的发展，数字媒体国际传播在媒介融合的形势下还出现了边界模糊的趋势，这是因为"形成模糊性领域的两个相交主体既有共同性又有差异性，具有共同性所以能够相交在一块，但由于差异性的存在，双方才不会完全趋同，而存在着模糊"。认同边界的模糊主要体现在媒体认同、情境认同和传受主体认同三个方面。

1. 媒体认同边界模糊

（1）新旧媒体认同边界模糊

数字技术和网络技术的发展，使新媒体成为与传统媒体相对的一个概念。一般认为传统媒体主要指报纸、电视、广播、期刊等，新媒体则以互联网和智能手机为代表，但在媒介融合的发展趋势下，新旧媒体之间的认同边界变得越来越模糊。例如，传统电视媒体运用数字技术创造了数字电视这一新的媒介形态，而电视内容经过电信网和互联网进行传播则催生了网络电视等新的传播方式。电视、报纸上开辟了微博的专栏，让观众和读者聊聊身边的新鲜事，同样，越来越多的传统媒体在微博上进行注册，利用新的技术应用进行更加及时的信息传播。新媒体和传统媒体的交叉融合逐渐增多，使受众对媒体不再清晰地归为新媒体或传统媒体。

媒介融合的推进，也催生了许多新的融合区域，这些交叉部分既有相互相交主体的原有特征，又被赋予了新的特点。如数字广播媒体包括数字音频广播、数字视频广播、网络广播等多种形式，既保持了传统广播系统和服务的特点，又融合了电视、网络等多种媒体的传播特点。这些交叉领域的归属也变得越来越模糊。

（2）主流与非主流媒体认同边界模糊

主流媒体指的是在传播社会新闻信息、民意成形等方面具有主导作用，同时具有一定公共声誉以及一定数量的受众群体的大众媒体。而随着新技术的发展，主流与非主流媒体的认同边界不再泾渭分明，手机、互联网等新型的媒介发挥着愈来愈重要的作用。特别是一些社会化媒体的兴起，对社会的建构和完善产生了积极的影响，社会化媒体最大的特点是赋予了每个人创造并传播内容的能力，具有公开、联通性、社区化等特征，较为常见的社会化媒体是博客和微博客、维基、播客及视频分享、论坛、社交网络和内容社区，这些社会化媒体把用户结为了相互连接的网络，而每个用户都成了收发信息的节点，这就大大降低了原来一些传统媒体的价值与地位。

2. 情境认同边界模糊

（1）不同情境内容的区分

用户生产内容（UGC）和社会化网络的发展，把大量生活化的内容带到了大众媒体当中，一方面活跃了内容生产，使媒体传播的信息更加人性化，另一方面，也使受众的现实生活变得更具网络化。例如，用户愿在微博中分享属于个人的信息或利用移动定位技术（LBS）不断上传个人感触，这些新技术的应用打乱了受众线上线下的不同情境的边界，使受众的生活网络化、网络生活化。现实生活中的经历和感受可以变为网络上有价值的信息，网络上的真人真事也让现实生活中的受众感同身受，拉近了不同人之间的距离。

（2）不同情境身份的区分

媒介跨国性的运作以及媒介产品的全球流动使跨国受众的产生成为不可避免的事实，另外，新的传播手段的运用也使媒介的覆盖范围日益突破国界，有助于形成国际性的受众体验。因此在数字媒体国际传播中，受众的情境身份的认同产生了模糊的趋势。在虚拟网络空间中，人与人之间的互动关系模式不同于现实中的人际互动关系。在网络的全球化发展背景下，大众可以在网络中按照自己的内心需要构建出理想的身份，并不断对构建出的身份进行调整，利用网络这个中介，重塑新的身份和认同。

3. 传受主体认同边界模糊

"去主体化"和"去中心化"在网络中形成了一种特殊的交流互动模式，它不再是现实中的以自我为中心的互动交流模式，在网络中人们不但可以做接收信息的人，而且可以做发出信息的人。网络中的用户总是处在主体与客体的换位交互中，也就没有了主客之分。特别是用户生产内容（UGC）不断发展，受众不再是被动地接收信息的人，任何用户都可以通过便利的传播终端发布信息，从而成为一个"自媒体"。

在传统的传播关系中，媒体一直占据主体地位，而受众除了被动地接收别无选择。但在新技术的影响下，媒体的主导地位已经受到了冲击，由于人员、设备的受限，传统媒体在信息采集方面的优势慢慢减弱。

互动性、参与性等互联网新特征，颠覆了传统的传播模式，使民众既是信息的接收者又是信息的传播者，数字媒体国际传播的传受主体认同边界变得模糊不清。

二、数字媒体新闻国际传播的移动化趋势

移动互联网正在席卷全球的社交网络公司。伴随着平板电脑、智能手机等移动设备的普及和应用，加之移动互联网技术的蓬勃发展，各种移动平台走进了大众市场，各种各样的多媒体化、智能化的移动终端发挥着其"Anyone、Anytime、Anywhere"的优点，日益成为大众接收资讯的主要渠道。全球媒体的数字化战略正在加快实施，各个国家对移动新媒体的研发力度日益加大，以增加其国际受众数量，国际媒体巨鳄和互联网企业都在加快技术研发，以抢占移动互联网领域的制高点。

中国移动通信集团公司副总裁沙跃家表示，这一战略合作可以把媒体的内容优势、新媒体的技术优势、中国移动的客户群优势等充分发挥出来。可以说，移动互联网等新媒体技术的普及与应用使数字媒体新闻国际传播的移动化趋势日渐凸显。

（一）移动终端的智能化、多媒体化

在移动互联网里，终端的重要性不言而喻。移动通信终端或叫作移动终端指的是在移动中可以使用的通信设备，从广义上来讲包括笔记本、车载电脑、手机、POS机等，从狭义上来讲指的是手机或智能手机。在移动信息时代，移动终端正在从简单的通话设备演变成一个可以处理多种信息的平台。当下的移动终端可以实现通话、看视频、玩游戏、拍照、听音乐、定位、扫描指纹、扫描身份证等多种功能，成为移动办公、移动商务、移动执法等的重要设备。

1. 手机媒体诠释终端革命

作为登录移动互联网最便捷的方式，手机的客户端是移动互联网应用以及移动增值业务实现的重要载体。另外，手机广告业务、手机电子商务市场在其他细分行业中也具有良好的表现。同时，手机的业务创新，比如位置签到服务、手机应用商店等，带动了移动互联网的规模攀升。

2. 移动应用凸显终端智能

移动终端的强大带动着移动互联网应用的发展，当下流行的移动应用包括社交网络、移动支付、地理位置服务、移动搜索、移动电邮、移动商务、移动视频、移动即时通信、情境感知、目标识别。我国的智能手机普及率日益提高，网民对手机的应用比例已达到较高水平。同时随着传统桌面互联网与手机互联网的深度融合，跨电脑、手机的多平台网民的比例日益提高，且这种多平台的互联网服务逐渐成为主流。

在今天，人们可以随时随地不受任何约束地利用智能手机浏览微博、查找信息、联系朋友、团购商品，这得益于手机媒体的随身性、私密性、智能化。移动用户的个人习惯、机型、位置信息、时间信息等可以把用户的移动状态与情景再现出来，企业便能基于此分析出用户的核心需求，开发更多的智能服务。

3. 媒介多媒体性日益突显

人际传播是真正意义上的"多媒体"传播，有着非常丰富的面部表情、姿势等非语言符号并由它们来完成意义表达。而手机增值服务应用使手机从单一话音媒介向短信、彩信、彩铃及多媒体视讯等多元化媒介转变，是最接近个人移动多媒体要求的移动终端。它整合了人际传播和大众传播的高度社会性传播工具，架起了传统媒介信息空间与个人信息空间的移动性对接的桥梁，满足了个人移动多媒体的基本要求，即整合多种媒体类型的、个人持有的、完全互动的移动设备，具有个人化、便捷化、网络化、多媒体化的特点。

多媒体信息处理、传播和存储等是移动互联终端普遍具备的功能。手机媒体的四大基本特征（多媒体融合，传播速度快、范围广，互动性强，传播效果强大）和五大传播形式（手机报，手机音频广播，手机视频、电影，手机电视，手机小说），融合了报纸、杂志、电视、广播、网络等所有媒体的内容和形式，也融合了大众传播和人际传播、单向传播和双向传播、一对一和一对多、多对多等多种传播方式，形成了一张相对复杂的传播网络。

微博客是移动互联网多媒体化的典型代表，它实现了手机移动媒体与网络的无缝对接，发布信息的成本和门槛极低，新闻在发生的同时，网民就可以随时随地记录信息并通过微博客实现广泛传播。其传播形式融合了文字、图片、音频、视频等多种媒体形式，移动终端用户可以利用其碎片时间和主流时间随时随地把自己的亲身经历或感悟发到微博并附上照片，还可以"@"他人进行评论转发，这种形象、生动、身临其境的传播方式更为真实可信，其传播速度和广度更让传统媒体望尘莫及。

（二）媒介接触的"使用与满足"

使用与满足理论，简称 U&G，由美国著名传播学者伊莱休·卡茨提出。该理论分析了大众对媒介的使用动机，它是从受众立场出发去考察大众传播在受众行为及心理上的效用，它不是内容本位理论，而是受众本位理论。U&G 理论关心的是，needs（心理起源引起需求），

expectation(需求激起对大众媒体的期望),media exposure(期望引起不同类型的媒介接触),gratifications(最终致使需求得到满足)。具体说来,U&G 理论在以下三个方面对大众的媒介消费行为有了更深刻的认识:第一,发现了大众使用媒介背后存在的具体动机;第二,发现了个体使用媒介会带来怎样的结果;第三,解释了大众是如何使用媒介去满足自身需求的。

移动互联网要想发展,首先要打好满足用户个性、互动、移动等方面需求的基础,以用户为中心做好服务。

随着科学技术的发展,移动终端越来越智能化与多媒体化,移动终端的用户与移动互联网的联系日益紧密。在移动信息时代,几乎人手一部智能手机,在地铁、在路上、在公司、在家里……移动互联网让生活移动、互联。受到都市环境以及丰富的媒介形式的影响,以室内接触为主的媒体对大众的聚拢作用日益被削弱,"户外""移动"的媒介形式正如火如荼地发展。在移动中与媒体接触,不但延长了大众对媒体接触的时间,而且大众接触媒体的空间也变大了。在碎片化的时代情境中,时间的"复用"成为发展趋势,比如在工作时间聊天、上网炒股等已成为办公室的日常生活。

新媒体的移动化发展,不仅是大众移动化推动的结果,还是媒体的移动化与手机受众移动化互动的产物。智能移动终端的用户,不仅是媒体的受众,还是新闻信息的传播者。智能移动终端在给用户提供上网、通信等服务时,用户还可以利用该终端发布即时信息,随时随地进行分享。由此可以看出,受众的第一需求是移动需求:从需求端方面来看,受众的信息需求正在从以静态需求为主转向静态需求与移动需求并存。从发展趋势方面来看,受众的第一需求逐渐变为移动需求,满足移动需求成为新媒体发展必须要解决的问题。以移动需求这个标准来衡量,苹果的市值超过微软还有另外一种样本意义,那就是移动需求的市场价值正在超过固定需求的市场价值。

在移动互联网领域,无论是做终端、做平台或是做内容,如何通过深度分析用户属性以及媒体使用习惯来挖掘用户价值;如何突破"屏"障,改进用户体验,组合优化信息,满足用户多元化需求;如何根据移动互联网特色,缔造差异化的竞争优势,达到精准化有效传播的效果,都是未来新媒体发展战略的重要命题。

在互联网发展背景下,新媒体用户的需求之一就是对信息的分享与互动,传统的互联网数据推送已经无法满足用户的需求,当下的关键问题就是解决与用户的互动问题。

因为手机可以随时随地使用,还可以定位位置,所以具有把网络虚拟社交变为实际社交的条件。利用移动网络手机可以随时随地满足实际社交模式的潜在需求,值得深究;对手机搜索也应进行个性化和本地化调整,利用 LBS 技术的生活服务,用户不需要输入关键词,便可享受到移动定位和各类信息服务。个性化、框计算是未来移动搜索的两个维度:首先,在搜索时要明确用户的地点、情境、时间、设备等基本特点,甚至网络接入方式都是必须考虑的因素;其次,用户在移动终端进行移动搜索时,更倾向于利用框计算的形式获取搜索结果。

（三）从广播到窄播到移动用户定制

越是人性化的媒体模式，就越能在媒体的生存竞争中保持顽强的生命力。手机满足了人们走路说话的需要，接近人类的本能状态，这就是手机媒体生存与扩张的胜算所在。

人类的信息传播活动经历了一个漫长的演进过程，从人的内向传播到人际传播，再从组织传播到大众传播，人类视听被不断地扩大、延伸，传播媒介也从报纸、广播、电视发展到互联网、手机等新兴媒体，受众的媒介接触率大大提高，但过量的信息会导致注意力难以集中，与信息大爆炸相对应的是对受众注意力的争夺。

广播是大众传播的一种传统形式，它利用产业化手段和先进的传播技术，通过专业的媒介组织进行信息生产与传播活动，它的传播对象是社会中的一般大众。对于像广播、报纸、电视、杂志等传统媒体而言，它的受众就等同于大众。"广播"是一种单向性很强的传播活动，面向广大未知的、不确定的受众进行大量的信息复制性传播，这就导致某一特定信息总是与其他信息混杂在一起，人们为获得这一特定信息所支付的时间成本很高，且与报偿未必成正比。

与面向最广大受众的"广播"相对应的"窄播"，实质上是一种分众化的过程，即受众越来越专门化，媒体信息面对的是某特定受众。分众的核心是精确分类、准确投放，满足分众化需求，其特点是传播对象细分化、传播内容专业化、传播定位服务化、传播方式互动化。受众需求的多样化和受众市场的细分化，呼唤着出现为特定的用户群提供个性化、专业化信息服务的分众化媒体。伴随移动智能终端平台的大众化、普及化，搜索引擎被进一步细分，大众的阅读正朝着精准化、个性化以及定制化方向发展，这给网络新闻传播方式带来了深刻的变革。可以说信息传播方式正在经历从广播到窄播，再到移动用户个性化、定制化信息需求的发展趋势。

从大众传播到分众传播，是社会和媒体发展的巨大进步。在这一发展背景下，每个人不仅是信息传播的主体，还是信息传播的客体，每个人都可以获取自己的专属信息。大众在大众传播中往往进行的是"选择性接触"，在面对信息时他们更愿意接触和自己的态度、立场一致或者接近的信息，而回避那些和自己的态度、立场有冲突的内容。只有被受众接受、理解并记忆的信息，才可以说是真正意义上的信息。而受众具有个性化、多元化和复杂性的特点，媒体只有对大众的文化素质、接受方式、思想观念、兴趣爱好、社会特点等仔细研究清楚，才能使传播方式和传播的信息被大众接受与认可，从而做到有效传播。移动用户定制即受众可以根据自身的需求定制信息，满足自身需要，这充分体现了受众的个性化需求。"个性化"的信息定制服务更加符合不同人群的生活节奏和工作形态，使受众对新媒体的认可度和忠诚度进一步增强。

三、数字媒体新闻国际传播的多元化趋势

随着科学技术的发展，新媒体应运而生，如网络、数字报纸、手机短信、数字杂志、移动电视、数字电影、数字广播、触摸媒体、数字电视等。虽然新媒体的发展离不开传统媒体，但是二者有着相当大的区别。新媒体可以实现网络、平面以及电波三类媒体的融合，实现信息发

送者和信息接收者的融合，实现各个传统媒体的融合，实现产业、社群、国家在传播层面的融合，其具有独特的融合功能。数字媒体国际传播在一定程度上打破了只有新闻机构才能发布新闻的局面，更加趋于"组织"向"个人"的转化，使新闻的来源、种类、内容以及传播效果等都逐渐趋于多元化。

（一）媒介资源从"稀缺"到"富余"导致信息渠道多元

在以往的国际传播中，传统媒体在传播地域和时空方面都有一定的局限性：报刊的发行范围有限，电信网与广播电视网的覆盖区域也有限。媒介资源更多的掌握在西方国家的传播媒介手中，而发展中国家的媒介资源相对匮乏，更多的是被动地接收国外大型通信社的信息，而来自自己国家的媒介资源则很少。

新媒体传播没有时空的限制，任何一条新闻信息都可以经过互联网瞬间传播至世界各地，"地球村"已经成为现实。新媒体以互联网数字化技术为基础，构建了一种人际互动传播的技术化新型传播结构，实现了用户之间的双向传播和互动。我们只要拥有一个宽带接口、一台电脑或者一部连接互联网的智能手机、PC机等终端，就可以和网络中任意的信息终端实现实时互动交流，进入全球化的信息与知识系统中。这种新型传播结构使某一信息在传播中，只要与信息终端有一次接触，便会有新的信息产生，然后再迅速地进入另一轮的传播过程中。这种新型传播结构把信息、媒介、人有机地融为了一体。

数字媒体国际传播的兴起，逐渐打破了媒介资源仅仅控制在少数国家和媒介集团手中的现状，许多发展中国家开始掌握媒介资源，同时也可以通过各种新的媒介手段更好地把握国际话语权。

技术推动媒介的更新，也正是各种新型媒介的兴起及普及，数字媒体国际传播才逐渐实现了媒介资源从"稀缺"到"富余"的转变，互联网及新媒体迅速发展，给国际传播带来了翻天覆地的变化，不仅是传统媒体，而且组织、机构、社会团体、个人都可以进入传播领域，逐渐实现了信息渠道的多元。

（二）媒介功能从"政治及文化"到"经济及市场"导致产品服务多元

在我国，互联网未出现以前，媒体仅囿于传统媒体，互联网在我国得到发展以后的很长一段时间，大部分网上内容仍是传统媒体发布的内容。众所周知，传统媒体在我国主要充当政治文化传播的工具，媒体主要还是以为受众提供单一的政治文化内容为主要责任或首要责任，而且在这一时期，手机、移动电视、数字报纸作为一种新的传播方式才刚刚萌芽。在手机的使用方面，进入21世纪后，手机才开始大范围普及，而且手机的功能仅仅限于打电话或收发短信息，但是在城乡的用户之间，差异化很大。譬如说，在农村地区，手机的使用大多只是打电话，或者查看信息。然而在大城市里，手机已经成为选择和收看信息、接入网络查看信息的重要工具了。

新媒体的使用者已经摆脱了传统媒体的话语垄断，即摆脱了被动接受单一的政治及文化内容,开始寻求、接受更多样的传播方式和内容。伴随着多渠道、多终端传播方式的兴起,各种各样的内容受到了大众的欢迎,只要是符合各自需求的应用和分享,他们都乐于去尝试,譬如"织围脖"(喻指"发布微博信息")等。微博、Twitter的兴起,使更多的个人信息在网络中传播,而不仅仅是政治文化的信息。从用户数量的庞大足以看出,这些新的传播方式不断被人们所接受,也被人们所习惯。试想一下,一家杂志或报纸的读者如果超过这个数量,那么,这家杂志或报纸的影响力将是巨大的。所以可以说,传统媒体的政治及文化的传播,在新媒体的传播中只是冰山一角。由此可见,微博传播的信息中,充斥着各种各样的信息,不仅有政治及文化内容,还有许多以前如星座星运、食谱、美图、追星、经济信息、市场信息、求助信息等不能大量进入传统媒体的内容,这些内容都在新媒体中得到了传播。

在追溯了新媒体研究领域的发展形成和新媒体产生的历史情境后,我们发现很多新媒体早期都是在大型企业或政府中应用的(电视录像机、电话等不包括在内),所以传播学者早期对新媒体进行的研究更多的是对职业状况、组织与管理、经济状况、政策与法律等方面的分析研究,带有明显的行政研究与应用的性质。

一个国家的文化是国际传播中最有吸引力、最丰富的元素。我国的主流媒体在国际传播中,应该层层深入、循序渐进,利用议程设置,在传播中体现国家文化特色,从而在西方主流社会中形成我国立体化、多方位、多层次的传播局面,将我国完整的形象展现在国际社会中,让更多的国家民众了解中国、接纳中国,并逐步对中国产生认同,这样我国就可以顺利地融入世界体系中。在国际的对外宣传中,我们应首先把自己的历史文化、民族精神向目标对象进行传播,宣传国家形象,让他国公众了解我国人民的精神风貌、民族品格、思维方式等。我国的主流媒体在国际传播中要将我们的文化魅力、文化传统传播给世界大众,减少他国民众对我国的误解与猜测,赢得国际大众对我国文化的尊重与理解,为我国在国际中的发展奠定良好的舆论基础。

国际传播要坚持国家民族利益至上、优先的原则。在以前的国际传播中,媒介功能主要体现在提供"政治及文化"内容上。随着科技的发展,数字媒体国际传播开始探索更广泛的服务或内容,不再仅仅拘泥于传统的政治文化内容,开始契合受众的阅读习惯。我国应制定灵活的国际传播策略,不断涉猎更多方面的内容,摒弃传统的滞后、狭隘的传播观念,走出文化的藩篱,提高我国的国际形象。

综上可以看出,数字媒体国际传播涉及的内容已不再拘泥于传统的政治文化,而开始涉及各方各面,这些都是为了满足新媒体时代受众的需求。随着新媒体的发展,受众已经不再是被动的接受者,而是更多地参与、传播、分享。因此,在国际传播中,新媒体不再仅仅是政治文化的传播载体,而应该实现从"政治及文化"到"经济及市场"的转变,使产品服务多元化。

第二节 AI 技术在新闻传播中的应用

一、生成式 AI 技术在新闻传播中的应用

生成式人工智能（AI）在推进新闻报道创新的同时，为新闻业的崛起开辟了新的道路。它可以持续生成语音、图片、视频及各种文本，意味着新闻生产将正式进入全方位的人机协作模式。文章从生成式 AI 具有的数据核查和人类语言数据支撑两个基本内涵出发，阐述 AI 多模态新闻生产编辑体系、全方位优化编辑流程、提升新闻传播效果以及辅助新闻生产和视频制作等相关应用，为全媒体传播赋能增效。

生成式人工智能（AI）作为一种辅助新闻生产的智能模型，在一定程度上辅助新闻工作者进行创意表达，为新闻传播的发展注入了新活力。AI 智能模型也称人工智能预训练模型，将海量数据导入具有几亿量级甚至十万亿量级参数的模型中，通过"投喂词条"强化语言学习，使 AI 具备了强大的理解、分析和处理信息的能力，能够生成比较自然的语言文本。用 AI 进行新闻生成与创作，使新闻工作者的工作效率大幅提升。然而，AI 在辅助新闻生产过程中也面临一些挑战。例如，AI 技术的普及和应用需要投入大量的资金与人力，同时需要解决数据隐私和安全等问题，确保 AI 在辅助新闻生产中的可靠性和可信度。

（一）生成式 AI 的基本内涵

简单地说，AI 大模型就是经过训练的"超级大脑"，经过深度学习数据中蕴含的特征、结构，AI 最终被训练成具有逻辑推理和分析能力的人工智能。这种实现了传播理性与非理性要素交织的新媒介技术，不仅能理解人类的知识体系，还能生成新的技能、产出新的知识。生成式 AI 在全球范围内引起广泛关注和热议，尤其是在学术界，对它的基本内涵探讨热烈。在控制论、复杂性范式理论、算法伦理等基本理论的支持下，生成式人工智能得以产生。其中，生成式对抗网络、生成式预训练变压器、生成扩散模型等技术形式得以在新闻传播领域发展与应用。

1. 准确高效的数据核查

在新闻传播领域，生成式 AI 技术的应用变得越来越广泛，尤其是在数据核查方面展现出其独特的价值。AI 系统能够迅速分析大量信息，通过机器学习算法识别和验证数据的准确性，从而帮助新闻机构在报道前进行事实核查。这种技术的应用大幅度提高了新闻报道的准确性和可靠性，减少了因人为失误造成的信息错误。同时，AI 还能够监测和分析社交媒体上的舆论

动态，及时发现并纠正假新闻，维护新闻传播的真实性和权威性。

2. 超强的人类语言数据支撑

AI 技术可以理解和生成自然语言，帮助记者快速生成新闻草稿，尤其是在处理数据密集型的报道时，如财经新闻或体育赛事报道。此外，AI 还能够根据受众的阅读习惯和偏好，个性化定制新闻内容，提供更加贴合用户需求的报道。这种技术的应用不仅提高了新闻生产的效率，也增强了新闻内容的吸引力和针对性。

3. 交互式新闻体验

通过 AI 技术，新闻机构可以创建交互式的新闻体验，如智能聊天机器人，它们能够与用户进行实时互动，回答用户的问题，提供个性化的新闻推荐。此外，AI 还可以分析用户的互动行为，为新闻机构提供宝贵的用户反馈，以便更好地了解用户需求，优化新闻产品和服务。这种技术的应用使新闻传播变得更加动态且参与性强，为用户提供了更加丰富和深入的新闻体验。

（二）AI 技术在新闻传播业的应用

在众多先进科技的支持下，生成式 AI 技术逐渐应用到新闻业的生产、编辑及传播等领域，涵盖的传播应用范围更广泛，包括新闻生产方式、传播方式等各个方面。

1. AI 多模态新闻生产编辑体系

（1）融合文本、图像与视频的多模态内容生成

这种体系能够整合文本、图像和视频等多种媒介形式，生成丰富的新闻内容。AI 通过理解新闻文本的语义内容，自动匹配或生成相应的图片和视频素材，从而提升新闻的吸引力和表现力。例如，在报道体育赛事时，AI 不仅能够撰写赛事总结，还能从视频库中挑选精彩瞬间，或根据文本描述自动生成图表和图解，为观众提供更直观的信息体验。

（2）利用自然语言处理技术优化新闻编辑流程

AI 编辑系统能够理解新闻稿件的语境和语义，自动进行语法校正、风格统一和内容优化。在财经新闻中，AI 可以自动解析数据报告，提炼关键信息，甚至预测市场趋势。此外，AI 还能够根据目标受众的特征，调整新闻语言风格，使内容更加贴近读者，增强新闻的传播效果。

（3）交互式新闻体验与个性化内容定制

AI 多模态新闻生产编辑体系还支持创建交互式新闻体验，允许观众根据自己的兴趣深入探索新闻话题。AI 可以分析用户的互动行为，如点击、搜索和停留时间，从而了解用户的兴趣点，并提供个性化的内容推荐。在政治报道中，AI 能够根据用户的历史选择和反馈，定制化地展示不同角度和深度的报道，使用户能够从多个视角理解复杂的政治事件。这种个性化的内容定制不仅提升了用户体验，也增强了新闻内容的针对性和影响力。

2. 全方位优化编辑流程

（1）自动化新闻撰写与内容生成

在新闻传播领域，AI 技术的应用已经渗透到新闻编辑的各个环节。首先，AI 可以自动撰写新闻稿件，尤其是在处理数据密集型报道，如财经、体育和天气新闻时，AI 能够迅速从大量数据中提取关键信息，生成准确、客观的新闻报道。此外，AI 还能够根据新闻事件的发展情况，实时更新报道内容，确保新闻的时效性。

（2）个性化新闻推荐与受众分析

通过分析用户的阅读习惯、兴趣偏好和行为模式，AI 能够为每位用户提供定制化的新闻内容。这种个性化推荐不仅提升了用户体验，还增强了新闻内容的针对性和吸引力。同时，AI 还能够对受众进行深入分析，帮助新闻机构更好地了解其受众群体，从而优化内容策略，提高新闻传播的效果。

（3）交互式新闻编辑与多模态内容集成

AI 编辑系统能够理解文本、图像、音频和视频等多种媒介形式，实现多模态内容的自动整合。例如，在报道一个新闻事件时，AI 可以自动匹配相关的照片、视频和数据图表，甚至生成交互式的时间线和地图，为用户提供更加丰富和立体的新闻体验。此外，AI 还能够根据用户的互动反馈，实时调整内容的展示方式，实现新闻内容的动态优化。

3. 提升新闻网络传播效果

（1）智能推荐算法精准匹配用户兴趣

在数字媒体环境中，AI 技术的智能推荐算法通过分析用户的阅读习惯、搜索记录和社交行为，为其提供个性化的新闻内容。例如，基于深度学习的推荐引擎可以识别用户对特定主题的偏好，并在新闻平台或社交媒体上精准匹配相关报道，从而提升用户的阅读体验。新闻机构可以借助这类算法，将最新、最相关的新闻推送给目标用户，确保他们始终接收到符合个人兴趣的内容。这不仅能提高用户在平台上的黏性，还能帮助新闻机构拓展更广泛的受众群体，实现精准传播和用户留存。

（2）自然语言处理技术提升内容质量

自然语言处理（NLP）技术在新闻传播业中具有多重用途，可显著提升新闻内容的质量与传播效果。例如，AI 驱动的自动摘要生成器可以为长篇新闻报道提供简洁、易懂的摘要，方便用户快速掌握文章核心信息。语义分析工具可以帮助记者识别新闻事件中的关键点与隐含信息，为深度报道提供更详尽的线索。同时，基于 NLP 的自动校对工具可以检测并纠正报道中的语法错误、逻辑问题和事实不准确之处，提高新闻的整体质量。此外，通过情感分析，新闻机构还可以更好地把握公众对特定话题的态度与反应，以调整报道策略，激发公众产生情感共鸣。

(3) 虚拟主播与自动生成内容增强传播互动性

AI 驱动的虚拟主播和自动生成内容（AGC）技术为新闻传播带来了全新的互动体验。虚拟主播可以全天候工作，在直播新闻时与观众实时互动，解答他们对热点话题的疑问，同时还能根据不同受众群体的喜好调整语调和风格，增加节目吸引力。AGC 技术则可基于预设模板和数据源，自动生成简短的新闻报道、财经摘要或体育战报等内容，确保新闻发布的即时性与高效性。这种高效的生产模式不仅可以让新闻机构扩大内容覆盖面，还能满足用户对新闻时效性的需求，使其始终保持对平台的关注并提升活跃度。

4. 辅助新闻生产和视频制作

(1) 新闻写作自动化与数据挖掘助力报道

AI 技术在新闻写作自动化和数据挖掘方面发挥着重要作用，极大地提高了新闻生产效率。借助自然语言生成（NLG）技术，新闻机构可以将复杂的数据资料转化为简洁明了的新闻报道。例如，财经、体育和气象领域的数据通常结构化程度较高，通过预设的模板和实时更新的数据库，AI 可以迅速生成相关领域的报道。与此同时，机器学习算法还能够从海量数据中挖掘出潜在的新闻线索，为调查性报道提供更丰富的信息基础。通过将自动化写作与数据挖掘相结合，新闻机构可以显著缩短内容生产周期，提高报道的深度与精确度。

(2) 智能剪辑与视频生成优化生产流程

在视频制作领域，AI 技术可通过智能剪辑和视频生成，优化制作流程并提升内容质量。智能剪辑系统能够自动识别视频素材中的关键场景、人物和情节，并根据设定的编辑规则进行素材拼接。例如，在体育赛事或演唱会直播中，AI 可以迅速剪辑出亮点集锦，使观众在短时间内捕捉到最精彩的瞬间。与此同时，深度学习技术还能根据脚本或文本描述，生成特定场景的视频动画，使记者能够快速制作视频新闻或短视频解说。通过智能剪辑与视频生成，新闻机构能够大幅提升内容生产效率，并确保视频内容的专业性与吸引力。

(3) 智能语音与虚拟角色为视频内容注入活力

智能语音识别和虚拟角色技术为新闻视频制作注入了全新的活力。通过语音识别与合成技术，记者可以快速转录采访录音，并借助语音合成工具生成解说词或字幕，大幅缩短视频制作时间。此外，虚拟角色（如虚拟主播、虚拟记者）结合 AI 语音合成和动画技术，能够以人性化的姿态呈现新闻内容，令视频报道更具趣味性和亲和力。虚拟角色还可以通过自然语言处理（NLP）技术与观众互动，回答他们在新闻内容方面的疑问，从而增强报道的互动性与参与感。这种新颖的呈现方式使新闻机构能够拓宽内容创作的思路，为受众带来更丰富的观看体验。

二、"AI 合成主播"在新闻传播中的应用与发展

（一）AI 虚拟主播的应用优势

1. 全天候工作与高效内容生产

AI 虚拟主播能够全天候工作，不受时间和体力限制，极大提高了新闻内容生产的效率。传统的真人主播受限于工作时间和人力成本，无法满足 24 小时连续播报的需求，而 AI 虚拟主播可以根据设定的模板和实时数据，随时生成即时新闻、热点解读和专题报道。此外，虚拟主播的语音合成和文本生成技术使其能够快速处理大量新闻素材并提供多语言服务。例如，在国际重大事件或体育赛事的报道中，虚拟主播可以用多语种为全球观众即时播报最新消息，确保新闻内容能够高效覆盖不同地区的受众。

2. 个性化呈现与精准匹配受众需求

AI 虚拟主播通过定制化的形象设计与内容呈现风格，能够有效吸引不同兴趣和偏好的受众。例如，新闻机构可以根据目标受众的文化背景、年龄层次或喜好，为虚拟主播设定不同的性格特征、语言表达方式和服装造型，使其更符合观众的审美和文化品位。同时，虚拟主播还可利用智能推荐和数据分析技术，根据受众的观看记录和搜索偏好精准匹配新闻内容，为其提供个性化的专题报道或解答常见问题。这种个性化的呈现方式不仅提升了虚拟主播的亲和力与吸引力，还能有效增强受众的忠诚度和参与感。

3. 降低运营成本与拓展多样化应用场景

与真人主播相比，AI 虚拟主播能够显著降低新闻机构的运营成本。在制作虚拟主播形象和设定模板之后，新闻机构无需支付高昂的薪酬或培训费用，只需投入少量的技术维护成本，即可保持虚拟主播的长期运营。虚拟主播还可以拓展到多样化的应用场景，不仅用于传统新闻播报，还可以用于主持娱乐节目、教育课程、商业推广等领域。例如，虚拟主播可以在短视频平台上以幽默风趣的方式解读热点新闻，或在直播活动中与观众互动，提升节目的趣味性与互动性。通过拓展多样化的应用场景，AI 虚拟主播为新闻机构开辟了更多商业化传播的可能性。

（二）AI 虚拟主播的应用短板与困境思考

1. 缺乏情感表达与现场互动能力

AI 虚拟主播尽管能够精准传达信息，但在情感表达和现场互动方面存在明显短板。真人主播在新闻播报中常常会根据事件的性质和情境变化，自然流露出情感反应，与观众产生共鸣。相比之下，虚拟主播的情感表达较为单调和刻板，难以灵活适应不同新闻内容的情绪基调。此外，虚拟主播的互动能力也受限于预设的语料库和算法规则，难以像真人主播那样随机应变地处理现场提问或突发状况。这种缺乏情感与互动的短板使虚拟主播难以在长时间直播或深度访

谈中充分满足观众的互动需求。

2. 算法偏见与内容同质化风险

虚拟主播依赖人工智能算法进行内容推荐和生成，可能受到算法偏见的影响，导致内容同质化或信息误导。算法偏见源自对训练数据的选择和算法规则的设定，如果训练数据存在刻板印象或错误信息，虚拟主播的推荐内容也会呈现出相同的偏见。例如，在热点新闻或敏感话题的报道中，虚拟主播可能因为算法偏好某种立场或观点，而无法提供多样化的视角，导致信息呈现的单一化。此外，虚拟主播的内容生成往往基于模板化的表达方式，容易产生类似的播报风格和叙事结构，难以保持新闻报道的独特性与原创性。

3. 伦理规范与隐私保护的挑战

虚拟主播的形象和声音可能被滥用于传播虚假信息或进行欺诈活动，造成社会舆论的混乱。此外，虚拟主播在互动中可能会采集大量用户数据，包括观看习惯、个人偏好和身份信息等，这对用户的隐私权构成潜在威胁。新闻机构在利用这些数据进行精准推荐时，应遵循数据隐私的相关法规，避免未经授权的数据被共享与滥用。与此同时，虚拟主播的行为和内容还需符合新闻伦理准则，确保其不涉及谣言传播、恶意炒作或煽动性言论。

4. 技术壁垒与高昂的开发成本

AI虚拟主播的开发和运营需要先进的技术支持，包括语音合成、自然语言处理、动画渲染等领域的专业知识，这对新闻机构构成了较高的技术壁垒。即使在拥有足够技术储备的情况下，打造一个高质量的虚拟主播形象也需要投入大量的开发成本，其背后的复杂技术架构、不断优化的算法模型和逼真的动画渲染都需要投入相当多的时间与资源。此外，虚拟主播还需要持续维护与更新，以保持形象的新鲜感与吸引力。因此，新闻机构需在成本与收益之间做出权衡，确保虚拟主播的应用不会对自身运营造成过重负担。

（三）AI虚拟主播未来创新发展思考

1. 多模态融合，提升虚拟主播的情感表达与互动性

多模态融合，即综合运用语音、表情、姿态、手势等多种信息方式，提升虚拟主播的情感表达效果与互动性。例如，通过引入面部表情识别与生成技术，虚拟主播可以根据新闻内容的语境变化，展现出丰富的面部表情，如惊讶、微笑、担忧等，以增强其播报过程中的情绪感染力。同时，利用手势识别与动画渲染技术，虚拟主播可以通过手势与肢体动作来强调新闻要点或与观众互动，打破单一语音播报的刻板印象。此外，在互动方面，结合自然语言处理与语义分析技术，虚拟主播能够更加灵活地应对观众提问和现场互动，提高观众参与度与沉浸感。

2. 个性化定制，满足不同受众的兴趣与审美需求

未来的 AI 虚拟主播将更加注重个性化定制，以满足不同受众的兴趣和审美需求。例如，新闻机构可以通过用户画像和数据分析，为不同的目标受众设计风格迥异的虚拟主播形象，包括性格特征、语音风格、服装造型等。受众还可以通过定制化平台或应用程序，对虚拟主播的播报内容、互动方式进行个性化配置，如选择特定领域的新闻专题或设置虚拟主播的语速和语调。通过提供多样化的个性化定制服务，新闻机构不仅能够增强受众的黏性与忠诚度，还能为广告主及品牌合作提供更多元的营销方案。

3. 智能内容生成，突现虚拟主播的独特叙事风格

借助先进的 NLG 技术与深度学习模型，AI 虚拟主播可以在未来实现独特的叙事风格。例如，基于对大量新闻报道数据的学习，虚拟主播可以通过不同的语言风格与叙事结构，生成符合自身个性定位的新闻内容。这种独特的叙事风格将使虚拟主播具备更强的辨识度与感染力，增强其品牌价值与影响力。此外，虚拟主播还可以利用生成式 AI 模型（如 GPT 系列）实时生成新闻解说、评论或热点分析等内容，实现对突发事件和复杂话题的快速回应与深入解读。这种智能内容生成能力不仅能提高新闻生产的效率，还能让虚拟主播在报道中展现更具深度与广度的视角。

4. 元宇宙探索，开拓虚拟主播的多元应用场景

随着元宇宙概念的兴起，AI 虚拟主播在未来将具备更广阔的应用场景。在虚拟世界中，虚拟主播可以担任虚拟演播室的主持人，为观众提供虚拟新闻节目、在线访谈和虚拟演讲等多样化的内容服务。与此同时，虚拟主播还可以化身元宇宙中的导游、讲师或形象大使，带领用户探索虚拟世界中的景点、学习知识或参与活动。此外，通过虚拟现实（VR）和增强现实（AR）技术的支持，观众还可以在元宇宙中与虚拟主播进行实时互动，共同参与虚拟新闻发布会或模拟访谈节目，增强其在元宇宙中的社交体验。对元宇宙的探索将为 AI 虚拟主播提供更加丰富的创意空间，拓展其在新闻传播、教育、娱乐等领域的潜力。

（四）虚拟主播的替代性思考

1. 虚拟主播对真人主播的优势与局限

虚拟主播在某些方面具备明显优势，可以有效替代真人主播。例如，虚拟主播能够全天候工作，不受时间和体力限制，确保新闻报道的连续性与即时性。其可定制性也使新闻机构能够根据目标受众的兴趣偏好和文化背景设计不同风格的形象，满足个性化需求。同时，虚拟主播可以通过数据分析和算法推荐技术，实现内容的精准推送，提升受众对平台的黏性与互动性。然而，虚拟主播在情感表达与随机应变方面存在明显局限，无法像真人主播一样展现丰富的情绪反应和灵活的沟通技巧。因此，在访谈节目或重大新闻直播中，真人主播仍具有无可替代的

优势。

2. 虚拟主播与真人主播的融合发展

虚拟主播与真人主播的融合发展为新闻传播带来了更多可能性。新闻机构可以通过虚拟主播与真人主播的合作，提升内容的趣味性与互动性。例如，在新闻直播节目中，虚拟主播可以作为真人主播的辅助，与其一同主持节目或提供实时数据或热点解读。虚拟主播还可在真人主播不在场时独立主持特定领域的新闻播报或进行实时连线。在这类融合式节目中，虚拟主播的技术优势与真人主播的情感互动能够互相补充，既确保内容的时效性与准确性，又能增强节目呈现的多样性和亲和力。

3. 虚拟主播对多元就业的影响

虚拟主播的兴起将对新闻业的就业形势产生一定影响。一方面，虚拟主播在替代部分真人主播工作的同时，也创造了新的就业机会，例如虚拟主播形象设计师、AI算法工程师、语音合成师和虚拟场景制作人等职位。这些岗位需要多元化的技术与创意人才，拓宽了新闻业的就业领域。另一方面，虚拟主播的普及可能使传统新闻主播的岗位缩减，尤其是在简短新闻播报和重复性节目中，虚拟主播更具成本优势。新闻机构应当引导现有的真人主播不断提升自身的专业技能与情感表达能力，以适应多元就业形势下的行业竞争。

4. 虚拟主播对内容制作与传播方式的影响

虚拟主播的应用不仅改变了内容制作流程，还对新闻传播方式产生深刻影响。在内容制作上，虚拟主播可以通过预设的模板和深度学习模型，实现高效的新闻生成与智能剪辑，缩短制作周期并降低成本。同时，虚拟主播的虚拟形象和风格化呈现方式为短视频平台和社交媒体带来了更强的传播吸引力，使新闻内容更具娱乐性与互动性。在传播方式上，虚拟主播依托多语言翻译和智能推荐技术，能够精准推送个性化内容，增强新闻传播的广度与深度。此外，虚拟主播在元宇宙、直播互动和虚拟演播室等领域的探索，为新闻机构提供了创新的传播渠道与商业模式，进一步拓宽了新闻内容的受众范围。

（五）智能化时代 AI 虚拟主播的瓶颈突破

1. 情感表达与语音合成技术的迭代升级

情感表达与语音合成技术的迭代升级是 AI 虚拟主播突破瓶颈的重要方向之一。目前虚拟主播的情感表达相对单一，难以展现复杂的情绪反应。未来，虚拟主播可以通过引入更先进的深度学习模型，将语音、面部表情与手势动作的情感表达结合起来，呈现出更丰富的情绪变化。通过情感语音合成技术，虚拟主播将能够根据新闻内容的情绪基调调节语音及语调，展现出喜悦、愤怒、担忧等多样化的情绪。同时，优化面部表情识别与生成算法，使虚拟主播的情感反应更加自然、贴近真人，从而使观众产生情感共鸣并提升信任度。

2. 多模态交互与自然语言处理能力的提升

多模态交互与自然语言处理能力的提升将赋予虚拟主播更灵活的互动能力。通过整合语音识别、视觉感知和语义分析等技术，虚拟主播可以更准确地理解观众的问题或指令，并做出符合情境的回应。例如，在新闻访谈或直播连线节目中，虚拟主播可以识别观众的提问语音或实时弹幕，通过自然语言处理模型分析其语义，给出详细的回答或相关内容推荐。此外，借助手势识别与 3D 建模技术，虚拟主播还可以根据观众的手势指令展示图表、切换话题或演示互动场景，打造更具沉浸感的多模态交互体验。

3. 加强规范与监管确保内容的可信度与安全性

智能化时代的 AI 虚拟主播需突破监管与伦理瓶颈，确保内容的可信度与安全性。首先，新闻机构应制定明确的虚拟主播内容规范，确保虚拟主播不涉及虚假信息、恶意炒作或煽动性言论。其次，建立健全的监管机制，对虚拟主播的报道内容进行审核与追溯，及时纠正偏差或不实信息。可以借助 AI 技术实现对虚拟主播内容的自动审查，识别并屏蔽可能引发负面影响的语句或话题。最后，新闻机构应积极推进数据隐私保护策略，严格遵循数据使用与共享的相关法规，避免虚拟主播在采集用户数据时侵犯隐私。通过加强规范与监管，确保 AI 虚拟主播在提升传播效率的同时，保障新闻内容的可信度与安全性。

第三节　区块链技术在新闻传播中的应用

一、区块链技术概述

区块链技术由各种复杂的数据算法架构而成，最常被人们解释为是一个分散存储的数据账本。其相关概念和技术特征已经逐渐引起各行业的重视，并在新闻传播行业内产生了区块链新闻和区块链新闻平台这种新型的新闻传播形态和媒介形态。

（一）区块链的基本概念

区块链是一种分布式账本技术，其核心特征是去中心化、不可篡改和透明可追溯。区块链通过将数据记录以链式结构存储在相互连接的区块中，并通过共识机制确保每个节点对账本的一致性，从而避免了对中央权威机构的依赖。每个区块包含前一区块的哈希值、交易数据和时间戳，形成了不可逆转的链式结构。这种链式结构使每一条交易记录都具有高度的透明度和可追溯性。在共识机制方面，区块链技术最早采用的是工作量证明（PoW），之后发展出权益证明（PoS）、授权拜占庭容错（dBFT）等多种共识算法。区块链的去中心化特性确保了数据的透明和公正，不受单一机构的操纵或篡改。如今，区块链技术已被广泛应用于加密货币、智能合约、供应链管理和数字身份等领域。

（二）区块链新闻与区块链新闻平台

区块链新闻是一种借助区块链技术生产、存储和传播的新闻形态，旨在通过去中心化的方式确保新闻的真实、透明与不可篡改。传统的新闻生产与传播依赖中心化的媒体机构，存在审查、操纵与虚假信息等问题。而区块链新闻利用智能合约和分布式账本，能够追踪新闻源头，验证新闻的真实性，并记录每个记者或机构对新闻内容的贡献。智能合约可以自动执行与新闻报道相关的版权、奖励和分成等机制，确保每个创作者的权益得到保障。

区块链新闻平台是将区块链技术应用于新闻生产与传播的综合性平台。通过去中心化的架构，这类平台为新闻生产者与受众之间搭建了直接互动的桥梁。例如，用户可以通过数字货币支付获得独立记者的原创报道，而记者可以通过发布优质内容获得读者的直接打赏。此外，区块链新闻平台还可以为用户提供溯源新闻和可信新闻的选择，使用户能够准确判断新闻的真实性和权威性。一些平台甚至利用区块链技术对新闻内容进行哈希验证，确保每篇报道的独立性和不可篡改性。

二、区块链技术在新闻业的应用

（一）新闻版权保护与收益分配

传统媒体机构面临新闻内容被侵权转载、版权分配不公和收益透明度不足等问题，而区块链通过去中心化和不可篡改的特性，能够有效解决这些难题。在区块链系统中，每一篇新闻报道都可以生成唯一的哈希值，并被记录在区块链的分布式账本中，确保其独一无二且不可篡改。记者、编辑等创作者可通过智能合约为其作品设定版权许可和收益分配机制，确保每次转载、引用或商业使用都能准确追踪并自动执行版权收益的分成。

例如，在区块链新闻平台上，记者发布原创内容时可以预设智能合约，设定不同等级的版权授权（如免费阅读、部分内容收费或全篇付费）。每当用户访问或分享该内容时，系统会根据智能合约自动将相应的收益分配给创作者。此外，区块链技术还能防止新闻内容的盗版传播，通过分布式账本记录每一条授权记录，并公开展示授权和收益分配的透明度。此类机制不仅能保护创作者的权益，还能激励更多记者和媒体机构生产高质量的原创新闻内容。

（二）新闻真实性验证与追溯

当前虚假新闻泛滥，新闻真实性成为公众与媒体机构关注的核心问题。区块链的不可篡改与透明特性，使其成为追溯新闻源头与验证真实性的理想工具。在区块链新闻平台上，每一篇新闻报道发布时都会生成一个哈希值，并记录在区块链账本中，确保该报道的唯一性和不可篡改性。同时，区块链系统还会记录报道的创作过程，包括记者身份、采访对象、数据来源、编辑修改等信息，使每一篇新闻报道都可以追溯其源头及制作流程。

新闻机构还可以利用区块链技术对不同来源的新闻内容进行多维度验证。例如，借助智能合约，平台可以设定多方核实机制，确保新闻报道的真实性。只有当多名独立记者或机构对某一事件进行验证时，该报道才会被认可并发布。此外，区块链系统还能让用户对新闻内容进行评价与举报，并将这些信息记录在账本中，形成透明的新闻评价与纠正机制。通过这种方式，新闻机构和公众可以共同监督新闻内容的真实性，打造一个更健康和可信的新闻生态系统。

三、区块链新闻平台 Civil 的创新应用模式

在新闻传播行业区块链技术的创新实践上，国外的媒体机构率先展开了落地应用，他们通过区块链技术为给原创内容提供版权保护、新闻进行可信度标记、搭建事实核查市场、创建自我持续的新闻市场以重建用户对新闻机构的信任。

（一）Civil 的基本组织架构

区块链新闻平台 Civil 试图实现新闻事业与社会价值两者间的平衡，它在新闻传播领域创造了许多新的模式，其内在运作机制主要围绕着秩序管理层、内容生产层和代币激励这三部分展开。

区块链新闻平台Civil的秩序管理层包括：

一是Civil基金会被认为是平台内的行政管理部门，其设立的顾问委员会是平台内部的最高管理机构，它负责为Civil新闻社区提供平台发展资金，为"宪章"进行价值观、宗旨和原则等一整套的规则制定。民间理事会的第一批成员由基金会委派的资深媒体从业人员和行业内的专家组成，后期主要由Civil代币持有者组成，他们是负责维护民事宪法和裁决新闻道德纠纷的平台审核方。在某些情况下，如果平台三分之二以上的成员反对委员会的决定，那么其决定将被推翻。二是民事登记处类似于主管部门，是媒体机构加入Civil需要面临的第一个门槛，任何媒体机构和组织，需要抵押足够的CVL代币，签署Civil宪章，并填写一份详细的表格说明，才可以申请加入Civil新闻平台。而登记处则负责对加入Civil平台的机构或自媒体进行审核和监督。任何组织只要违反民事宪法都将受到登记处的监管，直至开除其在平台内的入驻资格。

通证（Token）激励是平台内部的基本驱动力。通证激励机制是指通过区块链中的一系列智能设备和算法，实时评估个人对平台的贡献，然后用合理的通证（Token）将测量结果转换成为激励，实时发到贡献人的手里。这些通证的最终价值，取决于我们做什么事情，创造出多少价值，也取决于智能合约具体如何规定。通证工具和智能合同配合使用，最大限度地使个人利益追求与集体利益相一致。

任何社会实践背后都有动因的驱动，平台参与者的实践也需要激励机制的保障，内容生产实践是否积极实施，取决于平台内是否有足够的驱动力。因此，Civil在制定平台内规则体系的同时，也创立了一套基于CVL平台代币的激励机制，以促进平台内的社区互动和高效运转。CVL代币经济是Civil平台建立的一套经济体系。作为社区激励计划的一部分，Civil代币连接起秩序管理层和内容生产层。在同一平台内，将消费者、广告商和内容创作者三者直接联系在一起促使消费者与创作者直接进行交流，为平台内积极的内容生产提供物质激励，确保平台的可持续运行。这种机制以加密货币作为奖赏和鼓励生产性行为的基础，能够调动平台内部成员的积极性，激活更多用户参与到平台建设和新闻生产环节上来。平台会对用户做出的行为进行评估，并提供经济回报。

（二）去中心化：集体参与的新闻生产模式

基于区块链技术去中心化的基本技术架构下，新闻生产中的每一个用户就相当于一个节点，用户在新闻平台中不再局限于"读者"这个角色，还可以参与到新闻生产、议程设置、内容审核与传播的每一个环节中来，极大地提升了用户地位与体验，促使更多公民深度参与新闻生产和公共事务。

1. 公共化参与：协同生产

在区块链新闻平台Civil上，公共化参与的协同生产模式让新闻生产更加民主化。任何独立记者、媒体机构和普通用户都可以参与新闻生产，贡献新闻线索或直接创作内容。记者和媒体机构可以通过平台上的智能合约直接向受众发布原创报道，设定灵活的付费阅读或打赏机制，确保创作者能够获得应有的收益。同时，普通用户作为协同生产的一部分，可以通过平台提供的社区工具贡献新闻线索、参与新闻报道的讨论，或以编审的角色为原创内容提供事实验证和编辑建议。此外，Civil 平台的代币经济系统进一步促进了公共化参与。平台上的 CVL 代币不仅用于购买和支持新闻内容，还赋予用户在平台上的投票权和治理权。例如，用户可以使用 CVL 代币对某个新闻项目进行投资或投票，支持其发布优质内容。通过这种公共化参与模式，Civil 不仅实现了新闻生产的协同化，还让新闻创作与传播更加贴近公众需求，激励独立记者和媒体机构更积极地贡献内容。

2. 共识机制下的集体审核

Civil 平台采用去中心化的共识机制来实现新闻内容的集体审核，确保报道的真实性与公正性。每个独立记者和媒体机构都需要通过审核委员会的集体审核才能在平台上发布内容。审核委员会由社区成员通过 CVL 代币投票选举产生，负责对新闻内容的质量、真实性和道德规范进行评估。用户也可以通过举报机制对内容进行质疑，一旦收到举报，委员会会启动集体审核程序，并由委员会成员投票决定内容的去留。Civil 的共识机制还确保新闻报道在发布前经历多重验证与审核。独立记者和媒体机构需要遵循平台设定的道德准则，并接受社区的监督与评价。例如，在敏感话题的新闻报道上，平台要求记者提供明确的事实来源和采访记录，以便用户和委员会能够全面评估报道的真实性和准确性。同时，Civil 还建立了纠纷解决机制，通过独立的仲裁机构处理用户对报道的争议。这种共识机制下的集体审核确保了新闻内容的公正性和可信度，使新闻生产在去中心化的环境中保持高标准的伦理与质量。

（三）去中介化：公平防篡的传播模式

基于区块链技术下的新闻传播模式更加公平，这是一种点对点传播的网络，没有第三方势力能够对其进行干扰。内容的传播不再受中介平台所操控，内容分发流动的成本也随之降低。在传播过程中，区块链的机密算法对用户隐私进行保护，在非对称加密机制下，用户可以自行选择个人隐私信息的公开程度。这种传播模式更加公平和安全。

1. 智能合约下的内容分发体系

在 Civil 平台上，智能合约技术用于构建去中介化的内容分发体系，实现新闻内容的公平分配及收益保障。智能合约是一种自动执行的代码协议，可根据预设规则在区块链上执行内容发布、付费和收益分成等操作。在 Civil 上，记者和媒体机构可以通过智能合约发布新闻内容，设定灵活的付费阅读、打赏或订阅机制，并直接与读者进行交易，无需经过传统的媒体中介。

具体来说，记者或媒体机构在发布新闻内容时，可以通过智能合约预设不同等级的版权许可与收益分成。例如，某篇调查报道可以设定部分内容免费阅读，完整内容需付费购买；读者在付费后，智能合约会自动将收益按比例分配给创作者、编辑和平台。同时，智能合约确保每篇新闻内容的传播轨迹清晰可追溯，记录所有交易信息与分享授权，使内容分发的过程透明、可信。此外，通过去中介化的内容分发体系，Civil有效降低了创作者与受众之间的交易成本，保障新闻创作者能够获得更公平的收益。

2. 更安全的数据隐私保护

Civil平台利用区块链的去中介化特性，实现了新闻内容和用户数据的安全保护与隐私保障。由于区块链的分布式账本结构，新闻内容发布和传播的每个环节都会在链上有记录，不受单一机构的控制，确保数据的透明与不可篡改性。同时，平台采用加密技术对用户身份和交易信息进行保护，仅允许授权方访问相关数据，从而防止用户隐私泄露。例如，在用户付费或打赏新闻内容时，交易信息会通过哈希算法生成加密记录，并存储在区块链上。只有经过授权的创作者或平台管理者才能查看交易详情，其他人只能看到加密后的交易哈希。此外，用户在Civil上进行身份认证时，平台使用零知识证明技术确保身份信息的隐私性，即在验证用户身份的同时，不会泄露多余的个人信息。

为了进一步保障用户数据安全，Civil还通过分布式存储协议（如IPFS）将新闻内容存储在去中心化的节点上，即使某个节点出现故障或被黑客攻击，其他节点仍可确保数据的完整性与可用性。这种防篡改、去中心化的数据保护机制，使新闻内容和用户隐私在Civil平台上得到了更全面的保障。

（四）代币激励：经济激励下的经营模式

所有基于区块链的平台都有一个显著的创新点，即通证激励，用户可以在平台内直接使用虚拟货币进行支付。在Civil内，用户可以使用CVL代币对感兴趣的新闻内容进行资助、打赏乃至为优质内容付费，能在很大程度上缓解平台的经营压力，这种简单有效的激励模式为平台内部经营和管理提供了新的思路。

1. 众筹新闻产品模式

Civil平台通过代币激励的经济机制，构建了一种以众筹为核心的新闻生产与传播模式。记者和媒体机构可以通过平台上的众筹工具发布新闻项目的提案，详细描述选题、制作计划和预算目标，吸引用户进行众筹支持。用户可以使用平台的CVL代币为感兴趣的新闻项目进行投资，以此获得优先阅读权、独家报道访问或其他特定权益。如果众筹成功，记者会根据提案计划进行报道，并在规定时间内发布相关内容；如果未能达到众筹目标，支持者的代币将被退还。

这种众筹新闻产品模式激发了独立记者和小型媒体机构的创作热情，使他们能够专注于生产高质量的调查报道或专题内容，而不必依赖传统的广告或赞助收入。同时，众筹模式还促进了新闻创作者与受众之间的互动，使新闻生产更贴近公众需求。用户作为众筹的一部分，可以通过提案投票、项目反馈等方式积极参与新闻产品的策划与制作，共同推动新闻内容的创新与多样性。

2. 创新内容付费形式

Civil 平台的代币激励机制通过创新的内容付费形式，为新闻创作者提供了灵活的收益方式。在平台上，记者和媒体机构可以为新闻内容设定多样化的付费形式，包括按篇付费、订阅模式、打赏激励等。例如，用户可以使用 CVL 代币按篇付费购买特定的调查报道，或以包月订阅的方式访问媒体机构的全部内容。打赏机制则让用户能够直接对喜欢的新闻作品或记者给予额外激励，促进优质内容的持续生产。此外，Civil 平台还鼓励记者和媒体机构通过智能合约设定版权许可与收益分成策略。例如，一篇新闻报道可以设定部分内容免费阅读，完整内容需付费访问，或将特定内容授权给其他媒体平台进行二次传播。每次付费或授权交易，收益都会通过智能合约自动分配给创作者、编辑和平台。同时，平台上的代币经济体系还赋予用户投票和治理的权利，使他们能够积极参与平台的运营与内容质量监督，确保整个新闻生态系统的健康与可持续发展。

这种基于区块链技术的创新内容付费形式，使新闻创作者能够灵活掌控自身的收益渠道，并通过代币激励机制与受众建立更紧密的互动关系。这不仅提高了内容生产的透明度与可信度，还为独立记者和媒体机构提供了更公平、公正的经营环境。

（五）数据可追溯：公开透明的信息追踪模式

区块链不可篡改和可追溯的技术逻辑，能够对新闻内容轻松溯源，并且记录一切信息的浏览和变动情况，多主体共享同一份可信的数据账本成为可能，这种公开透明的信息记录模式，能够使人们对虚假信源快速判定并做出惩罚，有效保护原创内容。

1. 内容溯源：透明记录新闻来源与编辑过程

Civil 平台通过区块链技术实现了新闻内容的透明溯源，每一篇报道的来源与编辑过程都可以在链上追踪。每当一篇新闻作品发布时，平台会为其生成唯一的哈希值，并记录在区块链的分布式账本中，确保内容的不可篡改性。此外，记者或媒体机构还可以在报道中附加详细的来源信息、采访记录、编辑历史等数据，帮助读者全面了解新闻的采编过程。智能合约进一步确保了这些信息的公开透明，使每一次编辑修改和贡献都可以被追溯。这种内容溯源机制不仅增强了新闻报道的可信度，还加强了公众对新闻生产过程的理解与信任。

2. 记者身份认证：确保新闻生产者的权威性

在 Civil 平台上，记者身份认证是确保新闻生产者权威性的重要环节。平台要求所有记者和媒体机构在发布新闻作品前，必须通过身份认证程序，以确认其真实身份与专业资质。认证程序利用区块链的不可篡改特性，将每个记者的资质、经历与新闻作品关联起来，形成完整的数字身份档案。此外，平台还提供多层次的记者信誉体系，根据每个记者的作品质量、读者评价和社区贡献进行评分。通过身份认证与信誉体系，平台确保了每个记者和媒体机构的权威性，从而为读者提供可信赖的新闻来源。

3. 内容审查：社区共识下的集体监督

Civil 平台采用社区共识机制对新闻内容进行集体监督，确保信息的准确性与公正性。社区成员可以利用 CVL 代币对新闻内容进行投票与评价，并通过举报机制对不符合道德准则或传播虚假信息的报道进行质疑。当某篇报道被举报后，平台将启动共识审查程序，由社区审核委员会根据举报内容和道德准则对其进行评估，并投票决定是否下架或修改内容。这种集体监督模式让社区成员积极参与到新闻质量的管理中，形成了一个自我净化的生态系统。

4. 资金流向追踪：保障新闻众筹的公开透明

在众筹新闻项目中，Civil 平台通过区块链技术保障资金流向的公开透明。每当用户支持某个众筹项目时，CVL 代币交易信息都会记录在链上，形成完整的资金流向链路。记者和媒体机构需要在报道发布后详细公布资金使用情况，说明每一笔资金的投入领域及用途。同时，平台的智能合约可以自动将众筹收益分配给参与报道制作的各方，包括记者、编辑和其他贡献者。此外，社区成员还可以利用 CVL 代币对项目资金使用情况进行评价与投票，如果发现资金使用不当或不透明，可以向社区审核委员会举报。这种公开透明的资金流向追踪机制，有效防止了众筹项目中的腐败与滥用行为，确保每一笔资金都能真正用于优质新闻内容的生产。

（六）自给自足的商业模式

1. 独立媒体和记者的自营生态

Civil 平台通过去中心化的架构，为独立媒体和记者建立了自营生态，使他们能够直接与受众互动并产生收益。在传统媒体中，独立记者和小型媒体机构往往难以与大型媒体竞争，并受到广告商的制约。但在 Civil 平台上，他们可以通过发布独家报道或深度专题，直接吸引用户的关注，并利用智能合约设定付费阅读、订阅和版权授权机制。用户通过 CVL 代币购买内容或进行打赏，收益将自动分配给创作者。此外，独立记者和小型媒体机构还可以与品牌商合作，打造具有商业价值的新闻专题，进一步提升他们的收益。这种自营生态让独立记者和媒体机构实现了真正意义上的自给自足。

2. 以社区为基础的众筹支持机制

Civil 平台的商业模式基于以社区为基础的众筹支持机制，确保了新闻内容生产的多样性与独立性。每个社区成员都可以通过 CVL 代币为其感兴趣的新闻项目进行众筹支持，推动项目的启动和制作。记者或媒体机构会根据众筹项目的提案计划，详细描述新闻选题、制作流程和预算目标，确保资金的透明使用。用户通过众筹获得优先阅读权、独家报道访问或直接参与编辑讨论等权益，增加了他们对新闻内容的信任与投入。这种众筹机制不仅为记者和媒体机构提供了稳定的资金支持，还使用户在新闻生产过程中扮演积极角色，推动优质内容的生产与传播。

3. 新闻联盟：共生共赢的内容合作网络

Civil平台构建了新闻联盟，通过共生共赢的内容合作网络，实现新闻内容的共享与协同生产。联盟内的媒体机构可以根据各自的专长和领域优势，联合生产独家报道或跨地域的新闻专题，共同提高内容质量。例如，某家专注于环境问题的媒体机构可以与另一家专注于农业的媒体合作，探讨农药污染对环境的影响。此外，联盟成员还可以利用平台上的区块链技术对新闻内容进行溯源和质量审核，确保每一篇报道都符合道德准则与专业标准。通过新闻联盟的共生共赢合作网络，媒体机构能够相互借力，共同探索更具商业价值的新闻报道形式。

4. 第三方服务：多元化生态下的增值业务

在自给自足的商业模式中，Civil平台还通过第三方服务提供多元化的增值业务，进一步提升了平台的商业价值。平台为记者和媒体机构提供数据分析、营销推广和法律咨询等第三方服务，帮助他们更好地运营自己的品牌与项目。例如，数据分析服务可以帮助媒体机构识别用户偏好并优化内容策略；营销推广服务则通过平台的广告网络和社交媒体扩大内容影响力。此外，法律咨询服务确保独立记者和小型媒体机构能够在版权授权、合同纠纷等方面得到专业支持。这些增值业务不仅为记者和媒体机构提供了有力支持，还为Civil平台本身带来了持续的收入来源。

参考文献

[1] 刘琴琴，王哲．数字媒体技术与应用［M］．北京：人民邮电出版社，2023.04.

[2] 殷熊．融媒体时代新闻采访与写作［M］．北京：新华出版社，2020.09.

[3] 刘俊芳．数字媒体技术及应用研究［M］．长春：吉林科学技术出版社，2022.08.

[4] 张艳玲，么洁．基于数字媒体技术的网络学习与艺术创新发展研究［M］．哈尔滨：黑龙江科学技术出版社，2022.04.

[5] 刘歆，刘玲慧，朱红军．数字媒体技术基础［M］．北京：人民邮电出版社，2021.10.

[6] 丁向民．数字媒体技术导论（第3版）［M］．北京：清华大学出版社，2021.08.

[7] 司占军，贾兆阳．数字媒体技术［M］．北京：中国轻工业出版社，2020.03.

[8] 关海鸥．数字媒体技术及应用［M］．北京：中国农业出版社，2020.01.

[9] 柳青．新媒体新闻典型案例评析［M］．南京：东南大学出版社，2023.09.

[10] 潘云松，张旭，许金峰．新闻编辑与新媒体技术研究［M］．哈尔滨：哈尔滨出版社，2023.02.

[11] 张博．新媒体时代的网络新闻评论［M］．湘潭：湘潭大学出版社，2023.05.

[12] 蔡晓辉．新媒体时代新闻传播研究［M］．湘潭：湘潭大学出版社，2023.10.

[13] 张梅珍．全媒体时代的传媒发展与新闻传播教育重构［M］．武汉：武汉大学出版社，2017.12.

[14] 党东耀．新媒体公共传播媒体融合新闻学［M］．北京：社会科学文献出版社，2022.02.

[15] 李修远．新媒体时代新闻传播的创新策略研究［M］．长春：吉林出版集团股份有限公司，2022.10.

[16] 张萍．新媒体与新闻传播发展研究［M］．北京：北京工业大学出版社，2021.10.

[17] 孙惠敏，漆小平．当代环境文化与新闻传播研究［M］．杭州：浙江大学出版社，2017.12.

[18] 米博．从新媒体到全媒体新时期新闻传播的发展研究［M］．长春：吉林科学技术出版社，2021.01.

[19] 段峰峰．新媒体数据新闻［M］．北京：人民邮电出版社，2021.11.

[20] 药丹华．新媒体环境下的新闻出镜报道［M］．中国财经经济出版社，2021.06.

[21] 陈丽芳．新媒体时代新闻传播研究［M］．沈阳：辽宁人民出版社，2020.01.

[22] 何萍．新媒体时代下的新闻传播与舆论监督研究［M］．长春：吉林出版集团有限责任公司，2020.04.

[23] 唐铮. 新媒体新闻写作、编辑与传播 [M]. 北京：人民邮电出版社，2020.08.

[24] 郭本锋. 新媒体与新闻传播研究 [M]. 长春：吉林大学出版社，2020.09.

[25] 孙艳. 融媒体时代电视新闻的传播研究 [M]. 北京：北京工业大学出版社，2021.04.

[26] 郭琪. 融媒体语境下的新闻传播理论探索 [M]. 吉林出版集团股份有限公司，2021.03.

[27] 刘颖慧. 融媒体时代的新闻传播创新研究 [M]. 中国原子能出版社，2021.01.

[28] 王晓宁. 融合新闻传播新论 [M]. 南京：南京师范大学出版社，2021.02.

[29] 耿思嘉，高徽，程沛. 新闻传播与广告创意 [M]. 长春：吉林人民出版社，2019.07.

[30] 夏迪鑫. 融媒体语境下的新闻海报及其生产机制 [M]. 成都：四川大学出版社，2023.07.